Herzlichst,
   Roswitha Gruber
8.5.95

Roswitha Gruber
DIE ZEIT, DIE DIR BLEIBT

Ein Buch
für Frauen in der Lebensmitte

BASTEI-LÜBBE-TASCHENBUCH
Band 66250

1. Auflage Oktober 1992
2. Auflage Oktober 1993

Originalausgabe
© 1992 by Gustav Lübbe Verlag GmbH,
Bergisch Gladbach
Printed in Germany
Bearbeitung: Dagmar Reichardt (analog)
Umschlaggestaltung: Manfred Peters
Titelfoto: Mauritius
Satz: Fotosatz Schell, Bad Iburg
Druck und Bindung: Ebner Ulm
ISBN 3-404-66250-4

Der Preis dieses Bandes versteht sich einschließlich
der gesetzlichen Mehrwertsteuer.

Inhalt

Vorwort 7

1. Die Situation erkennen 9

Heute schon gelebt? 10
Ich bin nicht allein 12
Mehr Zeit für mich 18
Die Midlife-Crisis 22
Stichwort: Selbstverwirklichung 28
Begrabene Träume 49
Verschenkte Chancen 56
Das schlechte Gewissen 62
Wer bin ich? 74
Die unterdrückte Generation 80
Veränderte Familienstrukturen 95
Das gestörte Mutter-Tochter-Verhältnis 99
Das gesprengte Korsett 111
Die Kunst der Kommunikation 119

2. Die Persönlichkeit entfalten 125

Das breite Angebot 129
Frauenbücher 131
Klassentreffen 136
Traumseminare 142
Sterbe- und Trauerseminare 154

Freiwillige Krankenpflege 158
Städtepartnerschaften 164
Natürlich leben 166
Auf zu neuen Ufern! 170

3. Schönheits- und Körperpflege 173

Die ersten grauen Haare 175
Die Brille 178
Künstliche Zähne 182
Probleme mit der Figur 185
Krampfadern 189
Der Witwenbuckel 194
Die Macht der Kosmetik 198
Die Wechseljahre 220
Der fünfzigste Geburtstag 245

4. Ausblicke 251

Weiterführende Literatur 261

Kontaktadressen 265

Vorwort

Zwei Gründe haben mich veranlaßt, dieses Buch zu schreiben: meine eigenen positiven Erfahrungen und die erschütternden Schicksale, von denen ich im Laufe der Zeit gehört habe.
Lange habe ich mir eingebildet, ich sei die einzige Frau, die Angst vor dem Älterwerden hat und von Gewissensbissen geplagt wird. In meiner Not begann ich, ein Tagebuch zu führen. Doch diese Erleichterung hielt nur kurz an, denn ein Tagebuch antwortet nicht.
Dann führte ich mehrere Gespräche mit gleichaltrigen Frauen, und mir wurde klar, daß all meine Ängste auf mangelhafter Aufklärung und fehlender Erfahrung basierten. Ich fing an, meine Furcht abzubauen. Indem ich mir über Jahre hinweg neues Wissen aneignete, wurde ich freier und selbstbewußter. Das gleiche beobachtete ich bei anderen Frauen.
Dieses Wissen möchte ich Ihnen, liebe Leserin, weitergeben. Die positiven Erfahrungen, von denen ich berichte, sollen Ihnen nicht nur Mut zur »zweiten Lebenshälfte« machen — ich will Ihnen auch zeigen, wie reizvoll sie sein kann! Ja, ich will Sie neugierig machen und Sie davon überzeugen, daß unser eigentliches Leben jetzt erst beginnt.

1.
Die Situation erkennen

Heute schon gelebt?

Ich war Anfang vierzig, als ein rebellischer Gedanke in mir aufkeimte und mich nicht mehr losließ: Nachdem ich zwanzig Jahre meines Lebens damit verbracht hatte, meiner Mutter bei der Pflege und Erziehung meiner Geschwister zu helfen, hatten mich meine eigenen Kinder zwei weitere Jahrzehnte lang in Atem gehalten. Sollten mich meine zukünftigen Enkelkinder noch einmal zwanzig Jahre kosten?
Nein! Diese Antwort durchzuckte mich wie ein Blitz. Bisher, so spürte ich, hatte ich kaum etwas für mich selbst getan. Jetzt wollte ich endlich für mich leben.
Aber was verstehe ich unter »leben«, fragte ich mich. Wo liegen meine Interessen? Wer bin ich überhaupt? Weitere Fragen schlossen sich an: Welche Träume und Wünsche habe ich noch? Bin ich überhaupt in der Lage, einmal nur an mich selbst zu denken? Bin ich fähig, für mich selbst etwas zu tun? Welche Möglichkeiten habe ich in meinem Alter noch? Und schließlich: Ist es nicht vielleicht schon zu spät ...?
Bis ich eine Antwort auf diese Fragen fand, verstrichen mehrere Jahre, denn ich stand mit meinen Problemen scheinbar allein da. Mit wem hätte ich auch darüber sprechen können? Mein Mann, meine Kinder und meine Mutter waren ja gerade die Personen, die meine Zeit rücksichtslos in Anspruch nahmen. Bei dem leisesten Hinweis auf meine für mich unbefriedigende Situation

blickte ich nur in verständnislose Gesichter. Mehr noch, ich mußte mir anhören, daß ich an meinem Zustand selber schuld sei, ich ließe mich ja von jedem ausnutzen!
War das nicht blanker Hohn? Diejenigen, die das sagten, profitierten ja gerade von meinen Diensten! Doch statt etwas daran zu ändern, beschuldigten sie sich gegenseitig, mich auszubeuten, und keiner wollte wahrhaben, daß er selber dazu beitrug. Ich fühlte mich unverstanden.
Doch eines Tages ereignete sich etwas Besonderes.

Ich bin nicht allein

Der Ehemann einer guten Bekannten feierte seinen fünfzigsten Geburtstag, zu dem fünfzig Gäste eingeladen waren. Ich kannte kaum jemanden. Um Anschluß zu finden, plauderte ich mit meinem Tischnachbarn über alltägliche Dinge wie das Wetter, das gute Essen und die netten Gastgeber.
Als sich nach dem Essen einige auf die Tanzfläche begaben, blieb ich in der Nähe einer mir unbekannten Frau stehen. Ich stellte mich ihr vor, und wir fanden schnell heraus, daß ihr Mann ein Kollege von mir war, den ich flüchtig kannte. Danach geriet die Unterhaltung ins Stocken.
»Haben Sie Kinder?« fragte ich rasch. Die Frau erzählte mir, wie alt ihre Kinder waren und was sie machten. Dann berichtete ich von meiner Familie. Wieder verstummte die Konversation. Versonnen blickten wir auf die Tanzpaare. Das Geburtstagskind tanzte unermüdlich.
»Für seine Fünfzig tanzt er noch ganz flott«, bemerkte ich.
»Ja, wenn ich bedenke, daß ich in drei Jahren auch fünfzig werde!« seufzte die Frau neben mir, wie zu sich selbst.
»Tatsächlich?« fragte ich interessiert. »Dann sind wir gar nicht so weit auseinander. Bei mir ist es in vier Jahren soweit! Aber ich glaube nicht, daß ich das Ereignis feiern

werde. Braucht ja niemand zu wissen, daß ich schon so alt bin!«
Da brach es plötzlich aus meiner Gesprächspartnerin heraus: »Ja! So alt ist man nun schon. Und hat man bisher gelebt? Nein! Man hat es immer auf später verschoben! Ich habe immer nur für andere gearbeitet und war für sie da: für die Kinder, die Eltern, die Schwiegereltern. Wissen Sie was? Ich frage mich, ob das alles gewesen sein soll. Vielleicht geht es noch ein paar Jahre so weiter, und dann ist man selber alt und hat nichts von dem verwirklicht, was man sich früher einmal vom Leben erträumt hat.«
Ich war überrascht. Sie sprach mir aus der Seele. Genau diese Gedanken hatten auch mich in letzter Zeit mehr oder weniger bewußt beschäftigt. Jetzt entwickelte sich eine lebhafte Diskussion zwischen ihr und mir. In uns stieg die Ahnung auf, daß wir nicht die einzigen Frauen sein konnten, die so empfanden. Doch warum wissen wir Frauen so wenig voneinander?

Wir kamen zu dem Schluß, daß die Erziehung eine wichtige Rolle spielt. Schon früh brachte man uns bei, alles zu schlucken und nach außen Frieden, Freude und Harmonie auszustrahlen. Deshalb glaubt jede Frau von der anderen: Die hat es gut! Die hat es leichter als ich. Nur ich habe diese Probleme.
Ich stellte keine übermäßigen Ansprüche an das Leben. Ich wollte keine Nerzmäntel, kein Gold, keine Brillanten. Auch auf Liebesabenteuer war ich nicht aus. Die kleinen Träume, die ich hatte, wären – ähnlich wie die meiner Gesprächspartnerin – leicht zu erfüllen gewesen, wenn ... ja, wenn man uns als Kinder nicht schon so viele Schuldgefühle eingeimpft hätte.

Bereits in jungen Jahren habe ich gelernt, immer nur Pflichten zu erfüllen. Wenn ich nebenbei einmal etwas Spaß haben, etwa ein Buch lesen oder auf der Straße herumtollen wollte, hatte ich immer ein schlechtes Gewissen. So habe ich mit der Zeit verlernt, an mich selbst zu denken.
Aber wenn man selbst schon nicht an sich denkt, so tun es die anderen erst recht nicht! Die Frau auf der Geburtstagsfeier kannte ebenfalls das Gefühl, ein Aschenputtel zu sein. »Und in der Rolle hat man sich auch noch wohlzufühlen«, sagte sie. »Aber Aschenputtel stahl sich nachts wenigstens etwas Zeit, um heimlich mit dem Prinzen zu tanzen. Wir dagegen haben schon ein schlechtes Gewissen, wenn wir uns in eine Ecke verdrücken, um in einem Buch zu schmökern. Gleich mahnt uns unser Gewissen: Du mußt erst staubwischen! Du mußt noch die Betten machen! Du mußt Unkraut jäten! Und wenn das alles erledigt ist, ist der Tag vorbei, die Familie stürmt ins Haus und belegt uns vollkommen mit Beschlag.«
Ich ging sehr bereichert nach Hause. Eine Gleichgesinnte zu treffen, Gedanken auszutauschen, so wie an diesem Abend, das wollte ich in Zukunft öfter machen. Ein Glücksgefühl stieg in mir auf: Du stehst nicht allein da, dachte ich. Den anderen geht es wie dir. Sie befinden sich in einer ähnlichen Situation wie du und sind ebenso unzufrieden.
Eine winzige Hoffnung keimte in mir auf: Vielleicht läßt sich doch noch etwas ändern! Wenn wir uns zusammentun und uns wehren, könnten wir es gemeinsam schaffen!
Mir fielen meine Klassentreffen ein, über die ich in diesem Buch noch ausführlich berichten werde. Da praktizierte ich bereits eine solche Gemeinsamkeit in kleinem

Rahmen, wenn auch eher oberflächlich, denn so richtig in die Tiefe waren wir nie gegangen. Eigentlich, so fiel mir auf, kannte ich das Seelenleben anderer Frauen nur wenig. Doch das wollte ich jetzt ändern.

Mechthild war eine Klassenkameradin aus meiner Volksschulzeit. Nachdem wir uns fünfunddreißig Jahre lang nicht gesehen hatten, trafen wir uns auf der Beerdigung einer Mitschülerin wieder. Wir erkannten uns sofort. Während der Schulzeit hatten wir wenig Gemeinsamkeiten, doch jetzt waren wir uns auf Anhieb sympathisch. Sie lud mich ein, sie in ihrem Haus zu besuchen, und bereits einige Wochen später verbrachten wir ein gemeinsames, für uns beide unglaublich erfrischendes Wochenende.
Ich kam an einem Freitagabend an. Nach einem kleinen Imbiß zogen wir uns in eines der sogenannten Kinderzimmer zurück, da die drei erwachsenen Töchter übers Wochenende nicht zu Hause waren. Mechthilds Mann war so verständnisvoll, sich diskret vor den Fernseher zu setzen.
Wir machten es uns wie zwei junge Mädchen auf einer am Boden liegenden Matratze gemütlich und unterhielten uns. Beim ersten Blick auf die Uhr stellten wir erstaunt fest, daß es schon nach Mitternacht war. Aber wir hatten uns noch so viel zu sagen, daß es halb zwei wurde, bis wir endlich schlafen gingen.
Am nächsten Morgen — es war noch nicht einmal sieben Uhr — erschien Mechthild mit zwei Tassen Tee an meinem Bett. Wir redeten den ganzen Tag. Mechthild bereitete die Mahlzeiten zu, erledigte das Nötigste im Haushalt, und wir machten einen ausgedehnten Spaziergang. Wieder gingen wir erst sehr spät ins Bett. Der Abschied

am Sonntagmorgen nach dem Frühstück fiel uns beiden schwer. Wir hätten uns noch so viel zu erzählen gehabt! Doch das Wichtigste hatten wir erfahren: Wir waren mit unseren Problemen nicht allein! Mechthild und ich hatten Ähnliches erlebt, Ähnliches empfunden und ähnliche Pläne für die Zukunft. Genau wie ich war Mechthild an ihrem dreiundvierzigsten Geburtstag zu der Erkenntnis gekommen, daß sie einen Lebensabschnitt hinter sich hatte, in dem sie für andere gelebt und keine Zeit für sich selbst erübrigt hatte. Ihr wurde klar, daß es mehr geben mußte als Arbeit und Pflichten von früh bis spät.
An jenem Geburtstag begann sie, ihre Erkenntnisse in die Tat umzusetzen, und sie fing an, einen Teil ihrer Zeit für sich und ihre Interessen zu verwenden.
Trotz des Abschiedsschmerzes fuhr ich von Mechthild mit dem beglückenden Gefühl davon, zwei Tage wirklich gelebt und etwas für mich getan zu haben. Ich hatte mich verstanden und akzeptiert gefühlt, und ihr ging es, wie sie mir später am Telefon sagte, genauso.

Etwa zwei Jahre danach sah ich im Fernsehen eine Sendung über die Ängste und Probleme von Frauen um die Fünfzig. Ich erinnere mich an eine Äußerung, die ich mir spontan notierte. Eine Frau namens Inge sagte: »Fünfundzwanzig Jahre lang war ich Mutters Kind, fünfundzwanzig Jahre lang war ich Ehefrau und Mutter – und fünfundzwanzig Jahre will ich jetzt noch für mich haben!«
Einmal besuchte ich mit einer jüngeren Kollegin eine pädagogische Tagung. Wir hatten an einem Nachmittag freiwillig drei Stunden lang uninteressantes Gerede über uns ergehen lassen. Danach traten wir erschöpft aus dem Saal. Auf der Treppe machte ich meinem Herzen Luft:

»Also, dieser Nachmittag hat mir absolut nichts gebracht!«
»Ja«, stimmte meine Kollegin zu. »Die Zeit hätte man wirklich besser nutzen können. Weißt du, es ärgert mich, wenn ich mir auf diese Weise meine Zeit stehlen lasse. Je älter ich werde, desto geiziger werde ich mit meiner Lebenszeit!«
Geizen mit der Lebenszeit! Das ist es, was wir tun müssen. Sie uns nicht wegnehmen lassen – nicht auch noch den Rest!

Mehr Zeit für mich

Es wird höchste Zeit, mit dem eigenen Leben zu beginnen! Sofort! Nicht erst in zwanzig Jahren, wenn die Enkel groß sind. Denn dann wird von uns und unserer Zeit nicht mehr viel übrig sein. Jetzt ist die Zeit gekommen umzudenken, sich anders zu orientieren und neue Akzente zu setzen.
Die Gespräche mit der Frau auf der Geburtstagsfeier, mit Mechthild und der eben zitierten Kollegin sowie der Ausspruch von Inge in der Fernsehsendung haben mir bewußt gemacht, daß ich kein Einzelfall bin. Mutig geworden, befragte ich fortan viele Frauen in meinem Alter. Ich wollte von ihnen wissen, wie sie sich sehen, wie sie ihre momentane Situation empfinden und welche Erwartungen sie in bezug auf ihre Zukunft hegen.
Auch wenn ich diese Frauen aufgrund ihrer Antworten in vier verschiedene Kategorien einteilte, so stellte ich bei allen eine verblüffende Übereinstimmung fest: Immer wieder hörte ich in den unterschiedlichsten Zusammenhängen den Satz: »Endlich mehr Zeit für mich!«

Die vier verschiedenen Frauentypen, denen ich in meinen Interviews begegnet bin, möchte ich wie folgt beschreiben:

- Die Beharrliche:
  Diese Frauen — die meisten an der Zahl, und darunter auch ich — verstehen den angeführten Satz als Bitte: Laßt mir endlich mehr von meiner Zeit! Ich möchte mir langgehegte Wünsche erfüllen, mich selbst verwirklichen und einen Teil meines Lebens so gestalten, wie ich es mir immer vorgestellt habe. Sie haben erkannt, daß sie ihrer Bitte beharrlich Nachdruck verleihen müssen und daß sich ihr Einsatz lohnt.

- Die Hoffnungslose
  Für Frauen dieser Gruppe ist der zitierte Satz Ausdruck eines unerfüllbaren Wunsches. Sie halten alles für aussichtslos: Mehr Zeit für mich — das schaffe ich nie! Sie geben auf, noch ehe der Kampf begonnen hat. Sie sehen einen unüberwindbaren Berg von Schwierigkeiten vor sich, vor dem sie resignierend den Kopf senken. Sie sehen keine Möglichkeit, ihre Lage zu verändern, sie verkümmern, zerbrechen.

- Die Aktive
  Endlich mehr Zeit für mich! ist bei diesen Frauen ein Ausruf des Jubels, der Befreiung und der Freude. Endlich habe ich die Zeit für mich, die mir immer gefehlt hat. Die Kinder sind aus dem Haus und gut versorgt. Das Eigenheim ist abbezahlt, bequem eingerichtet und macht wenig Mühe. Berufstätig war die Frau dieser Gruppe nie oder sie braucht es nicht mehr zu sein, weil das Gehalt des Ehemanns für ihre Ansprüche ausreicht. Er selbst ist pflegeleicht, widmet sich tagsüber seinem Beruf und in der Freizeit seinen Hobbies.
  Die Frau dieses Typus greift mit beiden Händen nach

der ihr verbleibenden Zeit. Sie unternimmt endlich Dinge, die sie bisher immer vor sich hergeschoben hat: Sie besucht die Volkshochschule, Seminare, Sportvereine, Reisebüros, Buchläden oder geht in die Politik. Einige Frauen dieser Gruppe nehmen, auch ohne wirtschaftliche Notwendigkeit, ihre lang unterbrochene Berufstätigkeit wieder auf oder starten eine zweite Karriere.

- Die chronisch Unzufriedene
Auch in dieser Gruppe findet man überwiegend Frauen, die es während ihrer Ehe nicht nötig hatten, berufstätig zu sein, weil der Ehemann genug verdiente. Sie haben, aus Bequemlichkeit oder aus anderen Gründen, kein Kind oder nur eins. In der Lebensmitte entdecken sie plötzlich eine große Leere in und um sich. Untätig sitzen sie in ihren vier aufwendig gepflegten Wänden — gelangweilt und des Lebens überdrüssig. Sie erwarten, daß andere etwas zu ihrer Unterhaltung tun, ihrem Leben Sinn und Inhalt geben.

Habt endlich mehr Zeit für mich! lautet ihre Forderung an ihre Mitmenschen: an den Ehemann, an ihr Kind, an dessen Ehepartner, an die Enkelkinder und an sonstige Verwandte.

Doch diese Personen haben natürlich ihre eigenen Aufgaben und Interessen. Der Mann steht voll im Berufsleben. Finanziell kann er sich endlich ein kostspieliges Hobby leisten: Segeln, Drachenfliegen, Motorbootfahren oder Golfspielen zum Beispiel. Damit ist seine Freizeit verplant. Die Frau hingegen kann oder will nicht daran teilnehmen, sitzt unzufrieden zu Hause herum und träumt davon, daß er sich mit ihr beschäftigt, ihr etwas bietet oder sie ausführt. Diese Frauen verträumen die Realität, während die Männer ihre Träume verwirklichen. Der Sohn oder die Tochter einer solchen Frau ist meist ebenfalls berufstätig, mit der Gründung der eigenen Familie beschäftigt, baut vielleicht an einem Eigenheim oder richtet es gerade ein. Sogar die Enkelkinder haben wenig Zeit: Neben der Schule gehen sie zum Judo, Reiten, Turnen oder Ballett, besuchen den Musikunterricht und müssen dafür üben. Statt sich in den wenigen Freistunden bei der nörgelnden Oma zu langweilen, verbringen sie ihre Zeit lieber bei ihren Freunden. Niemand hat Zeit für mich! ist das ständige Klagelied dieser Frauen. Statt ihre Zeit zu nutzen und ihre Fähigkeiten und Energien einzusetzen, fordern sie mehr Zeit von Personen, die selbst damit haushalten müssen. Sie steigern sich so sehr in ihre Unzufriedenheit hinein, daß sie nicht selten psychisch und/oder physisch krank werden.

Die Midlife-Crisis

Ich habe es an mir selbst erfahren und aus zahlreichen Bemerkungen von Altersgenossinnen herausgehört: Mit dem Eintritt in das fünfte Lebensjahrzehnt beginnen wir zu reflektieren. Wir überdenken unser bisheriges Leben. Wir wachen auf, merken, daß sich gewisse Dinge ohne unser Dazutun ändern, und begreifen, daß andere Dinge dringend einer Änderung bedürfen. Kurzum, wir befinden uns in einer Umbruchphase.
Bislang haben wir stets eine Steigerung erwartet: Wenn ich groß bin ... Wenn ich meine Berufsausbildung abgeschlossen habe ... Wenn die Kinder aus dem Gröbsten heraus sind ... Wenn das Haus abbezahlt ist ... und so weiter. Stets dachten wir: Dann geht es mir gut! Dann fühle ich mich besser! Dann ...
Doch haben wir diesen Punkt erreicht, fühlen wir uns gar nicht besser! Im Gegenteil! Wir merken, daß es irgendwo bröckelt: Die Familie schrumpft wieder zum Ehepaar zusammen, und auch beruflich kommt nichts Neues mehr, eher ein Rückschritt. Und gesünder und schöner werden wir auch nicht.
All das ist die Ursache für die erschreckende Erkenntnis: Die Zeit wird knapp! Sie läuft mir davon, und niemand kann sie aufhalten! Dabei hatte ich so viel vom Leben erwartet! Wieviel wird davon noch in Erfüllung gehen? Kommt überhaupt noch etwas?
So, wie es uns jetzt ergeht, ist es schon vielen vor uns

ergangen. Der Begriff »Midlife-Crisis« (englisch: Krise in der Lebensmitte) kam in den siebziger Jahren auf und wurde besonders durch Gail Sheehys Bestseller »In der Mitte des Lebens« populär. Männer sind von der Midlife-Crisis gleichermaßen betroffen, aber ich möchte mich hier auf ihre Erscheinungsformen bei Frauen beschränken.

Die Frauen, die ich in die Kategorie »Die Aktive« eingeordnet habe, sind in dieser Situation wohl am glücklichsten dran. Sie sehen in der veränderten Lage nicht die Krise ihres Lebens, sondern ihre Chance. Sie haben rechtzeitig erkannt, daß sie an einem Wendepunkt angelangt sind, und die für sie optimale Richtung eingeschlagen. Das werde ich im nächsten Kapitel an zwei Beispielen belegen: Carola und Renate.
Doch vorher möchte ich noch auf einen kleinen Kreis von Frauen zu sprechen kommen, die ich in die Gruppe der »Aktiven« einordne, weil sie aktiv ihr Leben in die Hand nehmen, mit ihrer Zeit etwas anzufangen wissen und für die Gesellschaft sowie für sich selbst etwas Nützliches leisten. Meinen Beobachtungen zufolge überstehen sie die Krise in der Lebensmitte fast unbeschadet und strahlen Zuversicht und Lebensfreude aus.
Ich meine die Frauen, die — aus welchen Gründen auch immer — unverheiratet geblieben sind oder ihren Ehemann durch Tod oder Scheidung früh verloren haben. Sie haben im Beruf ihren Mann gestanden und sich nie der Illusion hingegeben, daß sich das eines Tages ändern könnte. Das Wissen darum, daß sie ihr Brot immer selbst würden verdienen müssen, wirkte sich positiv auf ihr Selbstbewußtsein aus. Außerdem hatten sie neben ihrem Beruf genug Freizeit, um sich kreativ zu betätigen.

Mir fallen zu dieser Gruppe spontan eine ganze Reihe verschiedener Frauen ein, denen ich als Kind und junger Mensch begegnet bin. Ich fühlte mich zu ihnen besonders hingezogen und hatte das Gefühl, von ihrer Ausstrahlung zu profitieren. Schon in der Wohnung solcher Frauen umfing mich jedesmal ein Gefühl der Behaglichkeit: Die Wände, die Möbel und jedes kleinste Detail verrieten ein wenig von der Persönlichkeit ihrer Besitzerin. Die Nähe dieser Frauen tat mir gut, die Gespräche mit ihnen, ihre Anregungen. Sie zeugten von einem Selbstwertgefühl, das mir fehlte. Sie strömten Ruhe und Sicherheit aus – genau das, was ich suchte.
Diese Frauen kamen aus den unterschiedlichsten Berufsgruppen. Viele waren Lehrerinnen, aber auch eine Telefonistin, eine Richterin, die Buchhalterin einer mittleren Fabrik, eine Kindergärtnerin, zwei Krankenschwestern, eine Floristin und die Chefsekretärin in einem Krankenhaus gehörten dazu.
Inzwischen sind sie alt und längst im Ruhestand, und einige sind schon gestorben. Diejenigen allerdings, die noch leben, wirken mit ihren siebzig, fünfundsiebzig oder achtzig Jahren wesentlich lebendiger als die gleichaltrigen Ehefrauen oder spät Verwitweten aus meinem Bekanntenkreis. Die ledigen Frauen und solche, die nur kurz verheiratet waren, sind geistig rege, körperlich fit, versorgen sich selbst und kennen keine Langeweile. Im Gegenteil, sie haben so viele Termine und Pläne, daß es nicht leicht ist, sie anzutreffen. Einige unternehmen noch abenteuerliche Auslandsreisen, ausgedehnte Kreuzfahrten oder strapaziöse Bergtouren.
Auch in meiner Generation erscheint den unverheirateten Frauen die Lebensmitte nicht als Krisenzeit. Ihnen bleibt gar keine Zeit für eine Krise. Sie engagieren sich

auf sozialem Gebiet, lernen Fremdsprachen, nutzen ihren Urlaub für Reisen oder betätigen sich künstlerisch. Nicht eine unter ihnen hat Suchtprobleme mit Alkohol oder Tabletten, Depressionen oder Eßstörungen.

Nicht, daß ich der Ehelosigkeit das Wort reden möchte – ich bin selber seit siebenundzwanzig Jahren Ehefrau aus Überzeugung. Aber warum bleiben alleinstehende Frauen eher von seelischen und körperlichen Krankheiten verschont? Ich glaube, ihr Geheimnis beruht im wesentlichen auf vier Eigenschaften:

- unverheiratete Frauen wissen mit ihrer Unabhängigkeit umzugehen.
- Sie haben genug Freizeit, die sie für kreative Tätigkeiten nutzen.
- Sie haben seelische Freiräume und können ihre Interessen ausleben.
- Sie verfügen über einen gesunden Egoismus.

Letzteren müssen wir Ehefrauen und Mütter uns noch aneignen, dann ergibt sich das mit der Freizeit und den Freiräumen ganz von selbst. Außerdem ist es notwendig, den Mut zu einer gewissen Unabhängigkeit aufzubringen. Zu viele von uns sind noch mit dem »Cinderella-Komplex« behaftet, den Colette Dowling in ihrem gleichnamigen Buch beschreibt. Der Untertitel »Die heimliche Angst der Frauen vor der Unabhängigkeit« ist, was die Freizeit betrifft, eine starke Untertreibung, denn auf diesem Gebiet scheinen viele Frauen noch eine geradezu »unheimliche« Angst zu haben.
Während in der Generation unserer Mütter die Angst vor der Unabhängigkeit ziemlich umfassend war, stellen

viele Frauen unserer Generation bereits stolz ihre berufliche und damit finanzielle Unabhängigkeit zur Schau. Auch in ihre Haushaltsführung und Kindererziehung lassen sich die wenigsten hineinreden. Geht es jedoch um die Verwirklichung ihrer eigenen Interessen, schlüpfen sie in die Rolle der unerlösten Prinzessin. Dazu einige Äußerungen von unzufriedenen Frauen in der Lebensmitte:

- »Mir ist gar nicht klar, wo meine eigenen Interessen liegen. Ich mache eher das mit, was mein Mann macht.«
- »Ich weiß mit mir selber nichts anzufangen. Bisher habe ich nur für meinen Mann und mein Kind gelebt.«
- »Für andere habe ich sehr viel getan, und das hat mir auch genügt. An mich selbst habe ich dabei nie gedacht. Nun sollen andere mal etwas für mich tun!«
- »Ich habe mich eigentlich immer hinter meinem Mann versteckt. Ich habe sein Leben gelebt, nicht meins.«
- »Ich fürchte mich davor, in den Beruf zurückzukehren, obwohl ich mich zu Hause langweile. Ich habe Angst davor, Auseinandersetzungen mit dem Chef oder Anfeindungen von Kollegen wehrlos gegenüberzustehen. Auch im privaten Bereich schicke ich bei Problemen immer meinen Mann vor.«
- »Ich bin im Umgang mit fremden Menschen unsicher. Bisher habe ich ziemlich abgekapselt gelebt. Mein ganzes Leben hat sich um meinen Mann gedreht. Ich dachte seine Gedanken.«

Frauen, die so reden, warten immer noch auf den Märchenprinzen. Und je länger sie warten, desto ungewisser erscheint ihnen die Erlösung. Aber statt aktiv an ihr zu

arbeiten, lassen sie die Flügel hängen, bleiben unerlöst und werden zusehends unglücklicher.
Es ist falsch, auf den Prinzen zu warten. Die Erlösung muß aus uns selbst kommen. Für viele von uns bedeutet das zunächst — wie wir eingangs gesehen haben — sich überhaupt etwas freie Zeit zu erkämpfen. In dieser Freizeit gilt es dann, die kreativen Kräfte unserer Seele zu aktivieren. Dabei muß jede Frau den für sie optimalen Weg zur Selbstverwirklichung finden. Auf diese Weise können wir das letzte Lebensdrittel nicht nur ohne Angst ansteuern, sondern es mit Freuden durchleben, mit einem Gefühl von Zufriedenheit und Glück. Damit schaffen wir die Voraussetzung dafür, daß es unser schönster Lebensabschnitt wird! Daß dies weder Utopie noch ein Märchen ist, möchte ich, wie angekündigt, an zwei Frauen aus meinem Bekanntenkreis zeigen.

Stichwort: Selbstverwirklichung

Zum Beispiel: Carola

Carola wußte schon immer, wo ihre Interessen liegen. Nach ihrem Abitur begann sie ein Kunststudium, das sie vorzeitig abbrach, weil sie sich in einen Arzt verliebt hatte, den sie bald darauf auch heiratete. Obwohl sie ihm in der Praxis half, den Haushalt besorgte und sich um die drei Kinder kümmerte, fand sie immer noch Zeit, sich ihrer Malerei zu widmen. Daraus schöpfte sie Kraft für den Alltag und bewahrte trotz der Stürme, die ihr das Leben nicht ersparte, ihr seelisches Gleichgewicht.
Nachdem ihre Kinder ausgezogen waren, um an verschiedenen Universitäten zu studieren, nahm sie mit vierundvierzig Jahren ihr Kunststudium wieder auf. Ihr Alter störte sie genausowenig wie ihre Kommilitonen. Mit Begeisterung malte, gestaltete und modellierte sie. Carolas Mann mußte sich damit anfreunden, daß seine Frau wieder zur Studentin wurde und im Haushalt einiges liegenblieb. In der Praxis hatte er genügend Helferinnen und konnte sie entbehren.
Nach Beendigung ihres Studiums fand sich Carola wieder ganz in ihre Rolle als Arztfrau ein. Sie kümmerte sich um ihre neuen Enkel, fand aber weiterhin genug Zeit zum Malen und Bildhauen. Mittlerweile ist sie weit über fünfzig, munter und voller Schaffensdrang. Das Wort Midlife-crisis kennt sie nur dem Namen nach. Ihre Seele

ist gesund, weil sie sich entfalten kann. Das hält auch ihren Körper jung und fit. Sie wirkt so frisch, dynamisch und sportlich, daß sich manche Vierzigjährige eine Scheibe davon abschneiden könnte.

Zum Beispiel: Renate

Nach ihrer Heirat übte Renate noch einige Jahre ihren Beruf als Lehrerin aus. Erst als das zweite Kind unterwegs war, wurde ihr die Belastung zu groß, und sie zog sich ins Privatleben zurück. Zu tun gab es genug: Der Ehemann, die zwei Kinder, die zeitweilige Betreuung der Mutter, Haus und Garten und der Hund hielten sie ganz schön auf Trab. In ihrer knapp bemessenen Freizeit strickte sie.
Als sie ihren fünfzigsten Geburtstag feierte, verließen beide Kinder das Haus. Sie genoß die neugewonnene Freizeit und besuchte Verwandte und Freundinnen aus der Mädchenzeit. Sie belegte einen Italienischkurs an der Volkshochschule. Eine Weile lang fühlte sie sich dadurch ausgefüllt. Doch bald machte sich eine große Unruhe, ja Unzufriedenheit, in ihr breit. Sie stand immer öfter vor dem Spiegel, beklagte ihre schwindende Jugend und ertappte sich bei schwermütigen Gedanken.
Es muß etwas geschehen, sagte sie sich. Alt und häßlich wirst du auch, wenn du zu Hause herumsitzt. Also kannst du auch etwas Sinnvolleres tun. Auf diese Weise bleibt dir weniger Zeit, das Altern zu bemerken.
An ihre frühere Arbeitsstelle konnte sie nicht zurück. Doch das wollte sie auch gar nicht. Ihr schwebte etwas anderes vor. Sie suchte eine Beschäftigung, die ihr mehr Freiheit und Entfaltungsmöglichkeiten bot. Schließlich stieß sie auf eine kleine Anzeige: Eine neugegründete

Zeitung suchte Mitarbeiter für ihr Redaktionsteam. Das war's! Ohne lange nachzudenken, bewarb sie sich. Erst danach kamen ihr Bedenken. Würde sie mit ihren einundfünfzig Jahren überhaupt Chancen haben?
Kurze Zeit später hielt sie eine Einladung zu einem Vorstellungsgespräch in den Händen. Ohne große Erwartungen begab sie sich in das Redaktionsbüro — und wurde eingestellt! Als sie ihre Mitarbeiter sah, beschlichen sie neue Zweifel. Alle waren unter dreißig. Würde man sie akzeptieren? Sie, die ihre Mutter hätte sein können?
Doch ihre jungen Kollegen sahen die Sache positiv. Für sie gab es keinen Altersunterschied: Sie duzten Renate, wie alle anderen auch. Mit Feuereifer stürzte sich Renate in ihre neue Aufgabe als rasende Reporterin.
Obwohl ihre Mitarbeiter wesentlich jünger waren und fast alle eine journalistische Ausbildung hatten, wurde sie, die Außenseiterin, voll integriert. Man schätzte ihre Lebenserfahrung, mit der sie den Mangel an journalistischer Praxis wettmachen konnte. Renate hat nun seit fast zwei Jahren diesen Job und sprüht vor Energie und Lebensfreude.
»Nicht nur, daß ich wieder über eigenes Geld verfüge«, erzählte sie strahlend, »die Anerkennung durch meine Kollegen und das Bewußtsein, etwas zu leisten, tun mir gut! Außerdem sitze ich nicht mehr den lieben langen Tag zu Hause herum und warte sehnsüchtig darauf, daß mein Mann nach Hause kommt. Ich habe eigene Termine, Verpflichtungen und Bekannte. Früher war ich auf sein Eigenleben eifersüchtig. Nun habe ich selber eins!«
Außer diesen beiden Frauen kenne ich noch eine Reihe anderer, die in der Lebensmitte einen neuen Start gewagt haben. Rita hat mit siebenundvierzig Jahren per Fern-

kurs ihr Abitur nachgeholt und ein Studium begonnen. Eva hat gar mit ihrer vierundzwanzigjährigen Tochter wieder die Schulbank gedrückt und mit einundfünfzig Abitur gemacht! Jetzt studieren Mutter und Tochter um die Wette.

Zum Beispiel: Mirjam

In diesem Zusammenhang möchte ich eine Frau erwähnen, die wesentlich früher als wir heute mit ihrer Selbstverwirklichung angefangen hat: Ich denke an die bekannte Kinder- und Jugendbuchautorin Mirjam Pressler. Mit neununddreißig Jahren begann sie, heimlich zu schreiben, wobei sie den Wunsch, das zu tun, schon lange vorher verspürt hatte. Er war in ihr erwacht, als sie zum erstenmal ein realistisches Kinderbuch las. »Ich war so begeistert«, sagt sie noch heute, »daß ich dachte, irgendwann schreibe ich auch mal so etwas.«
Von ihrer Arbeit mit den drei Töchtern und ihrer Sorge um das tägliche Brot war sie so in Anspruch genommen, daß dieses Vorhaben lange Zeit ein Wunschtraum blieb. Doch als sie sich eines Tages überlegte, womit sie zusätzlich Geld verdienen konnte, fiel ihr das Schreiben wieder ein. Sie landete auf Anhieb einen Erfolg: Ihr Erstling »Bitterschokolade« bekam 1980 den begehrten Oldenburger Jugendbuchpreis.
Dieser Preis gab ihr ein Jahr lang genug finanziellen Rückhalt, um sich ganz dem Schreiben zu widmen. Inzwischen hat sie vierzehn Kinder- und Jugendbücher veröffentlicht, außerdem zahlreiche Übersetzungen von niederländischen und hebräischen Kinderbüchern ins Deutsche.
Ihre erwachsenen Töchter klagen zwar, daß Mirjam, seit-

dem sie schreibt, weniger Zeit für sie hat, aber sie sagen auch anerkennend: »Sie hat sich selber, so gut sie konnte, verwirklicht. Sie hat den für sie besten Weg gefunden!«
Und je älter die Töchter werden, desto angenehmer empfinden sie die Eigenständigkeit ihrer Mutter, denn sie haben dadurch selber mehr Freiheit. »Früher waren wir Kinder Mirjams Form der Selbstverwirklichung«, bekennt eine der Töchter. »Sie hat sich an uns geklammert. Seit sie durch das Schreiben etwas Neues, Eigenes gefunden hat, kann sie leichter loslassen.«
Daß dieses Loslassen für die Kinder sehr wichtig ist, begreifen viele Frauen nicht. Das Wohl der Kinder ist schon Grund genug, sich in der Lebensmitte rechtzeitig neuen Interessen zuzuwenden. Doch davon später mehr.

Zunächst möchte ich zum Thema »Selbstverwirklichung« drei Negativ-Beispiele anführen. Aus Erfahrung weiß ich, daß man nicht alle Fehler selbst machen muß. Wir können durchaus aus denen anderer lernen.
Die folgenden Berichte zeigen, welche Gefahren es in sich birgt, wenn Frauen sich zu sehr vom Ehemann abhängig machen und ganz in ihm aufgehen. Denn das Glück zu zweit kann schnell zerbrechen ...

Zum Beispiel: Elke

Als Elke achtundvierzig wurde, hatte sie eine dreiundzwanzigjährige Ehe hinter sich. Ihre Tochter, zweiundzwanzig Jahre alt, war bereits verheiratet. Ihr zwanzigjähriger Sohn hatte seinen Wehrdienst geleistet und beschloß, ein Studium in München anzutreten.
Elke beschlich zwar ein wehmütiges Gefühl, als ihre Kinder so früh und fast gleichzeitig aus dem Haus gingen,

doch sie freute sich auch auf die Zweisamkeit mit ihrem Mann.
Bisher hatten sie nicht viel voneinander gehabt, denn die Kinder waren gleich zu Beginn der Ehe kurz hintereinander gekommen. Nun hoffte Elke auf zweite Flitterwochen. Endlich – so träumte sie – würde sie ihn auf seinen Geschäftsreisen begleiten können. Sie würde am Wochenende etwas mit ihm unternehmen, und sie würden öfter abends ausgehen, denn da das Haus abbezahlt war, ging es ihnen inzwischen finanziell gut.
Doch ihr Mann brachte sie jäh auf den Boden der Tatsachen zurück. Elke fiel aus allen Wolken, als er ihr ohne vorherige Warnzeichen eröffnete, er wolle sich von ihr scheiden lassen.
»Für mich brechen gleich mehrere Welten auf einmal zusammen«, klagte sie. »Seit die Kinder aus dem Haus sind, lebe ich nur noch für ihn. Wenn er jetzt weggeht, stehe ich vor dem Nichts! Ich habe keinen eigenen Freundeskreis, kein Hobby, keinen Beruf und keine eigenen Interessen. Ich habe immer nur das gemacht, was er wollte, was er angeregt oder vorgeschlagen hat ...«
Was Elke falsch gemacht hat, läßt sich verallgemeinern und positiv formulieren: Jede Frau sollte sich unbedingt rechtzeitig eine eigene Welt aufbauen, die nicht zerbricht, wenn der Ehemann ausfällt! Dann fällt sie nicht ins Bodenlose, sondern hat etwas, auf das sie zurückgreifen kann. Besonders hilfreich ist ein enger Freundeskreis. Dort wird man aufgefangen und eine Weile getragen, bis man wieder Boden unter die Füße bekommt.
Aber nicht immer ist es die Untreue des Ehemanns, die die Frau ins Unglück stürzt. Wie schnell kann einem der Partner durch einen Unfall oder eine heimtückische Krankheit entrissen werden.

Zum Beispiel: Hanna

Nachdem Hannas Kinder aus dem Elternhaus ausgezogen waren, lebte Hanna nur noch für ihren Mann. Als sie dreiundfünfzig war, starb er innerhalb weniger Wochen an einer Krankheit. Mit einem Schlag war ihr Lebensinhalt weg, Hanna verfiel in Apathie. Sie saß herum, starrte vor sich hin und ließ alles stehen und liegen. Finanzielle Sorgen hatte sie nicht: Da ihr Mann Beamter und einundsechzig Jahre alt geworden war, bekam sie eine ansehnliche Rente, und die letzten Schulden, die noch auf dem Haus lasteten, deckte eine Lebensversicherung ab.

Doch Hanna wußte nicht mehr, wofür sie lebte. Sie hatte keine eigenen Wünsche, Vorstellungen oder Ziele. All die letzten Jahre hatte sie sich darauf gefreut, nach der Pensionierung ihres Mannes gemeinsame Träume mit ihm zu verwirklichen und viel zu reisen.

Zum Glück merkte Hannas jüngste Tochter, wie depressiv ihre Mutter wurde, und nahm sie eine Weile zu sich. Hanna fand bei ihr Ablenkung durch das kleine Enkelkind. Zwischendurch bemerkte die Tochter einmal: »Mensch, Mutter, du hast es gut! Du hast Zeit und Geld. Ich an deiner Stelle würde eine Weltreise machen!«

»Ja«, antwortete Hanna. »Mit deinem Vater hatte ich das auch vor. Aber alleine? Was soll ich auf einer Weltreise?«

»Du mußt ja nicht allein reisen«, schlug ihre Tochter vor. »Es gibt genug organisierte Gruppenreisen. Da bist du immer in netter Gesellschaft und findest leicht Anschluß.«

Allmählich erwachte Hannas Interesse. Nachdem sie eines Tages eine Fernsehsendung über die Tierwelt Afrikas gesehen hatte, ließ sie sich in einem Reisebüro

beraten und meldete sich kurzentschlossen zu einer Fotosafari an. Jahre später hat sie mir stolz ihr Fotoalbum präsentiert.
Inzwischen ist Hanna über sechzig, und es ist nicht bei der einen Fotosafari geblieben: Noch heute nimmt sie an Urwald- und Dschungelexpeditionen teil, hat bereits alle fünf Kontinente bereist und will demnächst die sieben Weltmeere durchkreuzen. Im Lauf der Zeit hat sie in aller Welt eine Menge netter Reisebekanntschaften geschlossen, Menschen, mit denen sie in regem Briefwechsel steht und neue Abenteuer plant. »Ich hätte nicht gedacht, daß das Leben nochmal so interessant wird«, gesteht sie mir. Nur ihre Kinder jammern: »Die Enkel haben so wenig von ihrer Oma!«

Zum Beispiel: Sofie

Sofie, fünfzig Jahre alt, lernte ich auf einem Sterbeseminar kennen. Sie war auffallend ruhig und sehr blaß. In ihren Augen lag eine große Traurigkeit, doch im Verlauf des Seminars wurde sie nach und nach offener und gesprächiger. Wir erfuhren von ihr, daß ihr Mann vor acht Monaten an Krebs gestorben war. Sie hatten zwei Jahre lang von der Krankheit gewußt.
»Das letzte halbe Jahr war besonders schlimm«, erzählte sie. »Ihn hilflos leiden zu sehen, war furchtbar. Als es endlich vorbei war, tröstete ich mich, daß er nun keine Schmerzen mehr ertragen muß. Es tröstete mich auch, daß er ganz beruhigt von uns ging, nachdem er alles Geschäftliche und Familiäre noch hatte regeln können.«
Sofies Mann hatte einen eigenen Handwerksbetrieb aufgebaut und hinterließ fünf Söhne, vier davon erwachsen, der jüngste siebzehn Jahre alt.

»Das Schlimmste aber kommt erst jetzt nach der Beerdigung hoch: Meine ersten vier Kinder sind schon aus dem Haus. Ich habe nur noch für den Jüngsten zu sorgen, aber bald wird auch er gehen. Schon jetzt verbringt er die meiste Zeit in der Schule oder mit seinen Freunden«, berichtete Sofie. »Ich fühle mich leer und ausgebrannt. Für meinen Mann und mich gab es immer nur uns beide. Aber jetzt?«
Monatelang hatte sie sich nach der Beerdigung in ihrer Trauer vergraben und das Haus kaum verlassen. Durch Zufall erfuhr sie von dem Sterbeseminar und meldete sich spontan an, weil sie hoffte, dadurch auf andere Gedanken zu kommen.
Tatsächlich vermochte sie gegen Ende des Seminars sogar ein wenig zu lächeln. Ihre Wangen hatten etwas Farbe bekommen, ihr Gesicht zeigte Spuren der Hoffnung, und sie sagte: »Es hat mir gutgetan, einmal über alles sprechen zu können. Es war so wohltuend, das Gefühl zu haben, daß ihr mir zuhört, Anteil an mir nehmt und mir Interesse entgegenbringt. Ich werde in Zukunft öfter an solchen Seminaren teilnehmen!«
Solche und andere Seinare sind für viele Frauen eine Möglichkeit, der Isolation zu entkommen und Anschluß ans Leben zu finden. Im Gespräch mit anderen Frauen können neue Kreise erschlossen, Interessen geweckt und Verschüttetes freigelegt werden.

Aus diesen Beispielen wird deutlich, wie wichtig Selbstverwirklichung für unsere psychische und physische Gesundheit ist. Viele Ehemänner, Mütter und Kinder tun dieses Bedürfnis nur zu oft als Flause, spinnerte Idee oder emanzipatorische Anwandlung ab. Dagegen müssen wir uns zur Wehr setzen.

Gerade die »beharrlichen« Frauen befinden sich auf dem richtigen Weg. Sie haben ihre Rechte und Bedürfnisse erkannt und sollten konsequent am Ball bleiben: Sie brauchen Zeit für sich und haben ein Anrecht darauf! Sie wissen aber auch, daß man Ihnen diese Zeit nicht freiwillig überläßt, sondern daß sie sie sich selber erkämpfen müssen, auch gegen Widerstände von außen.

Zum Beispiel: Ulrike

Ich hatte sie schon zweimal auf Seminaren getroffen. Ulrike war einige Jahre jünger als ich und immer ein bißchen aggressiv. Sie war Anfang vierzig und hatte viel Temperament. Ich mochte sie sehr. Als wir uns nach längerer Zeit wieder einmal auf einem Seminar begegneten, wirkte sie äußerst gereizt. Ich nahm sie beiseite und fragte: »Hallo Ulrike! Was ist los mit dir? Fühlst du dich nicht wohl?«
Ulrike erklärte mir, sie leide seit einiger Zeit an einer Schilddrüsenüberfunktion, die sich durch verschiedene körperliche Leiden bemerkbar gemacht habe.
»Mir fehlt einfach ein Freiraum, in dem ich kreativ sein kann«, lautete ihre kurze, aber treffende Selbstdiagnose.
»Was meinst du mit kreativ?« hakte ich nach.
Da sprudelte es aus ihr heraus: »In meinen Tagesablauf wird immer mehr hineingepackt: der Beruf, die Kinder, der Mann, der Haushalt, der Garten, die Eltern, die Schwiegereltern, Renovierungen am Haus, und und und. Früher kam ich schon mal dazu, Makrameearbeiten zu machen oder einen Teppich zu knüpfen. Aber seit einem Jahr ist nichts mehr drin. Nichts Kreatives, immer nur Dienstleistungen! Das frißt mich auf.«

Ulrike hatte das genau und vor allem rechtzeitig erkannt. Natürlich mußte sie sich zunächst medizinisch behandeln lassen, gleichzeitig aktivierte sie aber auch die Selbstheilungskräfte ihrer Seele, indem sie sich zu unserem Seminar angemeldet hatte. Eigentlich ließ das ihr Zeitplan gar nicht zu, und zugebilligt hätte ihr das von sich aus auch niemand. Aber sie hatte sich die Zeit dafür einfach genommen, und das war das einzig Richtige. Nach den zwei Seminartagen wirkte sie äußerlich bereits wesentlich ruhiger. Beim Abschied sagte sie mir, daß sie sich auch innerlich ausgeglichener fühlte. »Ich habe mich schon zum nächsten Seminar angemeldet«, berichtete sie stolz. »Und zu Hause werde ich mir jetzt jeden Tag etwas Zeit für mich reservieren, egal, was ansteht. Ich mache Schluß mit dem schlechten Gewissen!«

Ulrikes Fall bestätigt die Theorie, daß die Seele krank wird, wenn man sie der Chance beraubt, aus sich herauszugehen, und nichts für sich selbst tut. Sie leitet ein Notsignal an den Körper weiter, damit ihr Elend sichtbar und für Abhilfe gesorgt wird. Ich halte es für falsch, nur mit Pillen, Salben oder Spritzen an den körperlichen Leiden herumzudoktern. Vielmehr sollten wir uns in dem Moment, in dem körperliche Krankheitssymptome auftreten, auch unserer Psyche zuwenden und ihr einen Freiraum geben.
Ulrike hat die Notsignale ihrer Seele nicht nur sehr schnell erkannt, sondern auch gleich eine passende Therapie für ihren Geist und Körper gefunden und diese mit Erfolg eingesetzt.

Zum Beispiel: Hildegard

Hildegard dagegen hat den richtigen Weg erst mit sechsundfünfzig Jahren eingeschlagen — sozusagen in letzter Minute, denn sie wäre fast an ihren Problemen zerbrochen.

Sie hatte sehr jung einen wesentlich älteren Mann geheiratet, der sie allerdings nicht auf Händen trug, wie ihre Mutter ihr die Vorzüge eines älteren Ehemanns gepriesen hatte, sondern sie mit allen Dingen belastete, die ihm lästig und unbequem waren oder die ihm unter seiner Würde zu sein schienen. Klaglos ertrug Hildegard alles. Sie sah es als ihre Pflicht an, ihm den Rücken für größere, anspruchsvollere und schwierigere Aufgaben freizuhalten.

Dadurch brachte er es als Arzt beruflich sehr weit, ließ sie aber an seinem gestiegenen Ansehen und seinen wachsenden Erfolgen nicht teilhaben. So stand sie jahrzehntelang in seinem Schatten.

Doch das war es nicht, was Hildegard störte. Vielmehr schmerzte sie die Tatsache, daß er sie immer noch für das »kleine Dummerchen« — wie er sich ausdrückte — hielt, das er einst geheiratet hatte. Er bekam nicht mit, daß auch sie sich an seiner Seite veränderte, sich entwickelte und ständig weiterbildete. Sie las, ohne daß er es bemerkte, etliche seiner Fachbücher und wäre durchaus in der Lage gewesen, mit ihm über manches medizinische Thema ernsthaft zu diskutieren. Doch er gab ihr dazu keine Gelegenheit und ließ sie kaum zu Wort kommen. Statt dessen verlangte er von ihr, daß sie Haus und Garten in Ordnung hielt, sich um die Kinder kümmerte und in der Küche beschäftigte.

All die Jahre hegte Hildegard die stille Hoffnung, daß ihr

Mann eines Tages — vielleicht wenn die Kinder aus dem Haus waren — ihre wahre Natur entdecken würde. Sie hoffte, daß er sie dann auf seine Dienstreisen mitnehmen, in seine Kreise aufnehmen und sie als gleichberechtigt betrachten würde.
Als Hildegard fünfzig wurde, glaubte sie, der Zeitpunkt sei gekommen und sie könne — aus ihrem Raupendasein erlöst - als Schmetterling ans Licht emporsteigen. Aber weit gefehlt. Ihr Mann verwies sie in ihr angestammtes Reich: die Küche. Hildegard pflegte ihre Schwiegereltern bis zu deren Tod und besuchte die Mutter und andere ältere und gebrechliche Verwandte. Außerdem verbrachte sie viel Zeit mit ihren drei Enkelkindern, die sie innig liebte. Dennoch nagte etwas in ihr. Das ist nicht dein Leben, schien eine Stimme in ihr zu flüstern. Du läßt dich von anderen vereinnahmen. So findest du nie zu dir selbst!
Hildegard besaß jedoch weder die Kraft noch den Mut, sich aufzulehnen. Sie fraß alles in sich hinein, und zwar im wahrsten Sinn des Wortes: Sie ging auf wie ein Hefekloß. Zu der Unzufriedenheit mit der eigenen Situation kam nun noch die Unzufriedenheit mit der Figur.
Damit war ein psychischer und physischer Zusammenbruch vorprogrammiert. Hildegard verfiel in schwere Depressionen und zeigte unterschiedliche körperliche Krankheitsbilder. Da endlich wurde ihr Mann, der angesehene Arzt, aufmerksam.
Nach einem Sanatoriumsaufenthalt folgten schlimme Szenen und erbitterte Kämpfe zu Hause, in denen Hildegard mehr und mehr an Territorium gewann, das ihr ihr Mann zunächst zähneknirschend, später, einsichtiger werdend, überließ.
Er begann, über ihr Fachwissen zu staunen: »Ich habe

gar nicht bemerkt, daß du meine Bücher gelesen hast. Ich dachte immer, das verstehst du sowieso nicht!«
Hildegard war zu diesem Zeitpunkt sechsundfünfzig Jahre alt und nahm nun zum erstenmal an einem unserer Seminare teil. Ich lernte sie auf dem Sterbeseminar kennen, der ihr erster Gehversuch in Richtung Selbstbestimmung war. Doch ihre ganze Geschichte erfuhr ich erst im Lauf der Zeit, nachdem ich sie auf verschiedenen anderen Seminaren wieder gesehen hatte. Sie erschien mir jedesmal ein wenig aufgeschlossener, mutiger und lebendiger. Die Depressionen kamen zwar noch von Zeit zu Zeit wieder, aber in immer größeren Abständen, und sie verschwanden auch jedesmal schneller.
Heute erinnert sie sich: »Es hätte damals nicht viel gefehlt, und ich hätte mich umgebracht. Das Leben erschien mir sinnlos: Das, worauf ich immer gewartet und gehofft hatte, trat nicht ein, und wenn es nach meinem Mann gegangen wäre, hätte sich daran auch nie etwas geändert. Mich hätte es nur gegeben, um anderen das Leben schöner und leichter zu machen und um ihnen den Weg zum Erfolg zu ebnen. Ich sollte mich zum Wohle der anderen aufgeben und hätte das fast auch getan!«
Diese Gefahr besteht nicht mehr: Hildegard lebt nicht mehr ausschließlich für andere, sondern auch für sich selbst. Sie nimmt nicht nur an verschiedenen Seminaren teil, ist Mitglied in einem Literaturkreis und besucht alleinstehende Patienten in Krankenhäusern, sie begleitet endlich auch ihren Mann bei seinen Aktivitäten.
»Mir ist beides wichtig«, sagt sie. »An seinem Leben teilzunehmen und einen eigenen Lebensbereich zu haben. Schließlich ist er zehn Jahre älter als ich. Ich muß damit rechnen, eines Tages allein weiterleben zu müssen. Dann

will ich nicht in ein Loch fallen. Ich hoffe, daß mir die Gruppen, zu denen ich gehöre, in einem solchen Augenblick Halt geben!«

Hildegards Mann sieht das inzwischen ähnlich. »Mir ist es eine große Beruhigung zu wissen, daß meine Frau auch ohne mich zurechtkommt«, erklärt er.

Es ist nicht nur der Gedanke an die Zukunft, der Hildegard motiviert — sie genießt auch die Anerkennung, die ihr nach den langen Jahren ihres Schattendaseins zuteil wird.

Bei unserer letzten Begegnung fragte ich sie: »Ist dir eigentlich aufgefallen, daß du in unserer Runde mit Abstand die Älteste bist? Du hast erzählt, daß du bald sechzig wirst, während die meisten hier zwischen vierzig und fünfzig sind.«

»Ja«, gab sie zu. »Aber ich kenne das schon von den anderen Seminaren und Kursen, an denen ich teilnehme.«

»Wie das wohl kommt, daß kaum Ältere dabei sind?« überlegte ich laut.

»Ganz einfach«, antwortete Hildegard. »Die anderen Frauen in meinem Alter haben sich aufgegeben. Sie haben mit dem Leben abgeschlossen. Manche nur sinnbildlich, andere tatsächlich. Ich stand vor gar nicht langer Zeit selber auf der Kippe. Viele meiner Altersgenossinnen haben sich in ihr Schicksal ergeben und akzeptiert, daß nun nichts mehr kommt. Manche sind durch diese Einstellung geistig schon so unbeweglich geworden, daß sie gar keine intellektuellen Bedürfnisse mehr verspüren. Sie lassen sich von ihren Enkeln auffressen oder fallen ihren Kindern zur Last. Einige von ihnen essen oder trinken heimlich.«

»Warum haben sie sich nicht rechtzeitig gewehrt?

Warum haben sie nicht schon vor zehn Jahren rebelliert?« entgegnete ich.
»Damals war die Zeit wohl noch nicht reif. Für viele Frauen waren ihre Erziehung und Umgebung unüberwindbare Hindernisse. Auch gab es vor zehn Jahren noch nicht so viele Möglichkeiten wie heute: Solche Seminare wurden doch nirgends angeboten. Dabei sind sie eine wunderbare Einrichtung!« gab mir Hildegard zur Antwort.
Das ist zweifellos richtig. Durch Kurse und Seminare findet man Zugang zu Menschen mit ähnlichen Interessen. Man kommt leicht ins Gespräch und entdeckt noch andere Gemeinsamkeiten. Man erfährt, wie andere ihre Probleme lösen, und stößt auf neue Lösungswege. Man fühlt sich aufgefangen und von der Gruppe getragen.

Nachdem ich so viel Wichtiges über das Leben von Ulrike und Hildegard erfahren hatte, verstand ich endlich auch die Äußerung einer anderen Bekannten von mir: Sie war damals Anfang fünfzig und zeitlich durch die Kinder und Enkel, die Eltern und Schwiegereltern sehr in Anspruch genommen. Sie kümmerte sich darüber hinaus um kranke Nachbarn und engagierte sich in der kirchlichen Jugendarbeit. Diese Bekannte sagte eines Tages zu mir: »Wissen Sie, immer, wenn mir das alles zuviel wird, ziehe ich mich zurück und male. Sonst werde ich krank!«
Damals dachte ich: Ja, wenn die Frau bei der Belastung auch noch malt, gerät sie doch noch mehr in Zeitnot! Heute ist mir klar, daß das ihre Art war aufzutanken. Sie schöpfte beim Malen die Energien, die sie zur Bewältigung ihres Alltags brauchte. Nur so konnte sie gesund und glücklich leben.

Zum Beispiel: Gerda

Gerda hingegen ist eine Frau, die nicht in der Lage war, eine zutreffende Selbstdiagnose zu stellen, geschweige denn, eine wirkungsvolle Therapie für sich zu finden. Sogar die Ärzte verkannten über Jahre hinweg ihr eigentliches Problem, und so blieben der ratlosen Patientin körperliche und seelische Schmerzen nicht erspart. Dennoch ging die Geschichte mit Gerda gut aus.

Gerda hatte mit neunundzwanzig Jahren geheiratet. Damit glaubte sie, das große Los gezogen zu haben: Endlich konnte sie ihren ungeliebten Beruf aufgeben! Ihr Mann übernahm ab nun die Finanzen. Er war ein halbes Dutzend Jahre älter als sie und saß, wie Gerda glaubte, als Rechtsanwalt fest im Sattel.

Das Paar bekam kurz hintereinander vier Kinder. Das zehrte nicht nur an der Gesundheit der Mutter, die Kleinen brauchten auch eine Menge Nahrungsmittel, Kleider und vieles andere. Das Geld fehlte hinten und vorne. Wenn die Schwiegermutter nicht ab und zu heimlich eine Einkaufstasche mit Lebensmitteln vor die Tür gestellt hätte, wäre Gerda arg in Verlegenheit geraten, was sie ihrer Familie vorsetzen sollte, denn der Mann verdiente eben doch nicht so gut, wie man es von diesem Berufsstand gemeinhin annimmt. Entweder geriet er an zu viele säumige Mandanten oder an solche, die nicht zahlen konnten.

Von Jahr zu Jahr hoffte Gerda, daß sich ihre Finanzlage verbessern würde. In ihren Beruf konnte sie bei vier Kindern unmöglich zurück! Zudem wäre es ihr vor den Ex-Kollegen peinlich gewesen ... Schließlich hatte sie sich nach ihrer Heirat stolz »für immer« von ihnen verabschiedet.

So harrte sie der Dinge, die da kommen würden, und hoffte weiter. Mit der Zeit kam zwar mehr Geld ins Haus, aber gleichzeitig wurden die Kinder größer, und ihre Ansprüche wuchsen. Inzwischen war Gerda Mitte vierzig und drehte nach wie vor jeden Pfennig zweimal um, bevor sie ihn ausgab. Auch ihre eigenen Wünsche mußte sie hintanstellen. Ihre Hoffnung auf eine Besserung der Lage schwand zusehends.
In demselben Maß, wie ihr Zukunftsglaube erlosch, verstärkten sich ihre körperlichen Beschwerden: Mit dem Rücken fing es an. Es folgten Kopf, Magen und Nerven. Der erste Kuraufenthalt brachte nur wenig Linderung, ebenso die zweite und auch die dritte Kur.
Den vierten Kuraufenthalt machte sie mit zweiundfünfzig Jahren. Er brachte endlich den ersehnten gesundheitlichen Durchbruch: Gerda entdeckte die richtige Therapie – eine Therapie, die ihre kreativen Kräfte weckte. Sie lernte, Collagen anzufertigen, eine Technik, die sie faszinierte und von nun ab nicht mehr losließ. Über den Collagen vergaß sie ihre Schmerzen, ihre Nervosität und Übelkeit. Nach ihrer Heimkehr beschäftigte sie sich auch zu Hause in jeder freien Minute damit.
Die Kinder verließen nacheinander das Haus, und Gerda stand immer mehr freie Zeit zur Verfügung. In ihrer Wohnung türmten sich die künstlerischen Werke. Besucher sagten: »Die sind viel zu schade, um hier herumzuliegen. Die mußt du ausstellen!«
Gerda gefiel die Idee. Voller Tatendrang nahm sie Kontakt zu Galeristen auf, und tatsächlich feierte sie bald ihre erste Vernissage. Welch ein Gefühl! Sie stand im Mittelpunkt des Interesses! Doch nichts wog ihr Glücksgefühl auf, als das erste Werk einen Käufer fand. Sie hielt Geld in den Händen – Geld, das sie durch ihre eigenen

gestalterischen Kräfte verdient hatte. Hatte das kreative Schaffen ihr an sich schon viel Freude bereitet, so brachte es nun sogar noch etwas ein. Ihr Verdienst reichte aus, um Material für neue Bilder zu kaufen. Das gab ihr weiteren Auftrieb.
Seit ihrer ersten Ausstellung sind einige Jahre vergangen. Gerda ist inzwischen eine vielbeschäftigte Künstlerin geworden. Sie arbeitet abwechselnd im stillen Kämmerlein und organisiert oder eröffnet Ausstellungen. Leben könnte sie von ihrem Einkommen nicht, aber es reicht für manche Extras, die sie sich früher nicht leisten konnte. Das gibt ihr eine gewisse finanzielle Unabhängigkeit: Sie braucht ihren Mann nicht mehr um jede Mark zu bitten. So gesund, wie sie mit ihren sechsundfünfzig Lenzen ist, hat sie sich zwanzig Jahre lang nicht gefühlt!

Die Werdegänge von Ulrike, Hildegard und Gerda zeigen, daß es von großem Vorteil ist, sich rechtzeitig neu zu orientieren. Gerdas Beispiel zeigt, daß es sogar zu einem relativ späten Zeitpunkt durchaus noch Möglichkeiten gibt, sich aus dem verschlingenden Alltagssumpf zu befreien. Das mögen sich vor allem jene Frauen vor Augen führen, die sich der Gruppe der »Hoffnungslosen« und der »chronisch Unzufriedenen« zugehörig fühlen, denen ich die nächsten zwei Kapitel widme. Ihre Grundprobleme sind anders: »Die Hoffnungslosen« haben ihre Träume schon begraben, und die »chronisch Unzufriedenen« sind Frauen, die ihre Chancen glatt verschenken, weil sie sie nicht erkennen.
»Man wird ja nicht alt durch eine bestimmte Anzahl von Jahren, sondern vor allem dadurch, daß man Stück um Stück seine Ideale, Ziele, Vorhaben und Aktivitäten aufgibt.«

Dieses Zitat aus der »Sprechstunde« vom 5. 12. 1988 (Hessen 3) spricht mir aus der Seele. Vielleicht gibt es auch den resignierenden »Hoffnungslosen« und »chronisch Unzufriedenen« Auftrieb, und gerade den brauchen diese Frauentypen, wenn auch aus unterschiedlichen Gründen:
Die einen haben zuviel um die Ohren, die anderen zuwenig. Den einen fehlt die Courage, den anderen die Energie, um ihre Probleme anzugehen. Beide flüchten sich oft in Krankheiten, Depressionen, Drogen und Alkohol. Einige stopfen sich mit Süßigkeiten voll und werden dick, andere stürzen sich aus Torschlußpanik in kurzlebige Abenteuer mit Männern unterschiedlichen Alters.

Auch Kleptomanie und Kaufrausch — beides häufig bei Frauen in der Lebensmitte anzutreffen — sind solche Symptome von Hilflosigkeit und Ausdruck von Verzweiflung. Beide Phänomene sind, genau wie körperliche Krankheiten, Aufschreie einer gequälten Seele, Rufe des Unterbewußtseins nach Hilfe und Zuwendung. Letztere wird Kleptomaninnen und Kaufsüchtigen durch ihr Verhalten tatsächlich zuteil, allerdings nur für kurze Zeit und nicht immer in der erwünschten Form. Echte Hilfe bleibt meist aus.
Es ist auffällig, daß Frauen, die im mittleren Lebensalter kleptoman werden, oft gutverdienende Ehemänner haben und es finanziell überhaupt nicht nötig hätten zu stehlen. Durch den Griff nach fremdem Eigentum zieht die Frau unbewußt die Aufmerksamkeit des Ladeninhabers auf sich. Dieser verständigt den Ehemann, der sich daraufhin notgedrungen um seine Frau kümmert, sich wieder eingehender mit ihr beschäftigt, ihr zumindest

Vorhaltungen macht. Für intensivere Zuwendung lassen ihm Beruf und andere Interessen oft keine Zeit.
Andersherum geraten oft Frauen in Kaufrausch, die gar kein Geld für so große Ausgaben haben. Um ihre sinnlosen, weil überflüssigen Einkäufe bezahlen zu können, überziehen sie nicht selten das Konto ihres Mannes, was diesem natürlich auch früher oder später auffallen muß. Im Grunde sehnen sich auch kaufwütige Frauen nur nach etwas mehr Aufmerksamkeit, die ihnen ihr Mann dann meistens auch schenkt − oft jedoch leider nur in Form von Vorwürfen.

Begrabene Träume

Frauen, die zur Gruppe der »Hoffnungslosen« gehören, erkennen in der Lebensmitte, daß sie bisher ihre Persönlichkeit vernachlässigt und nicht richtig zu sich selbst gefunden haben. Ihr Leben ist zerronnen, ohne daß sich die Träume aus ihrer Mädchenzeit erfüllt haben, und ihr aktueller Wunsch nach mehr selbstbestimmter Zeit scheint ihnen angesichts des Aufgabenbergs, der sich vor ihnen auftürmt, nicht realisierbar. Daher begraben sie ihre Träume und erwarten von dem vermeintlich kümmerlichen Rest ihres Lebens keine umwälzenden Veränderungen mehr.

Die »hoffnungslosen« Frauen sehen weitere Jahre der Ausbeutung auf sich zukommen, ohne daß sie sich dagegen wehren könnten. Sie bringen weder den Mut noch die Kraft auf, ihre eigenen Interessen durchzuboxen. Schlimmer noch, sie glauben, gar kein Recht dazu zu haben. »Wir haben das ja so gelernt«, erklärte mir eine Bekannte. »Die Frau muß immer für Mann und Kinder dasein. Ihr eigenes Leben ist zweitrangig. Ich jedenfalls habe jahrzehntelang Angst gehabt, daß ich für meine Familie womöglich zuwenig tue.«

Auf viele Frauen in der Lebensmitte kommen zusätzliche Belastungen zu, die das bißchen Freizeit, das durch das Erwachsenwerden der Kinder entsteht, sofort wieder auffressen. Pflegebedürftige Eltern, Schwiegereltern, Tanten oder Onkel ziehen ins Haus. Oder die ersten

Enkelkinder werden vorbeigebracht, weil die junge Mutter berufstätig ist. Wieder ist es ein über die Maßen ausgeprägtes Pflichtbewußtsein, das die Frau in der Lebensmitte daran hindert, nein zu sagen und diese neuen Aufgaben zurückzuweisen.
Im Alter, so stellt sie sich vor, warten Schmerzen und Siechtum auf sie. Was helfen da noch Diäten, Gymnastik oder der Kampf um das bißchen Zeit, das sie sich gerne für ihre Selbstverwirklichung gegönnt hätte? Es scheint alles keinen Sinn mehr zu haben. So läßt die »Hoffnungslose« die Flügel hängen und alles, wie es ist. Sie ergibt sich in ihr vermeintliches Schicksal, und um das zu ertragen, betäubt sie sich, denkt manchmal sogar an Selbstmord.
Ich werde solche Fälle der Selbstaufgabe im folgenden an konkreten Beispielen schildern. Aber davor möchte ich diesen Frauen Mut machen: Es ist noch nicht alles gelaufen! Wir haben im Durchschnitt noch dreißig aktive Jahre vor uns, noch einmal soviel, wie wir in unserem Erwachsenenleben hinter uns haben.
In dem Kapitel »Das breite Angebot« im II. Teil dieses Buchs werden Sie unter den vielen Möglichkeiten, die Ihnen zu einer besseren Selbstentfaltung verhelfen können, bestimmt etwas finden, was Ihnen zusagt, oder etwas wiederentdecken, was Sie schon lange tun wollten, aber vergessen haben. Vielleicht wird Ihre Phantasie sogar so weit angeregt, daß Sie mit etwas ganz anderem beginnen, das ich gar nicht aufgelistet habe.
Doch nun zu den angekündigten Beispielen, aus deren Fehlern wir lernen können.

Zum Beispiel: Trude

Als ich Trude nach einem Zeitraum von sieben Jahren wiedersah, erschrak ich sehr. Fett und unförmig stand sie vor mir. Sie muß mir mein Entsetzen von den Augen abgelesen haben, denn gleich nach der Begrüßung bemerkte sie mit einem Blick auf ihre Figur: »Ich habe mich ganz schön verändert, nicht wahr?« und fügte dann resignierend hinzu: »Aber meinem Mann ist egal, wie ich aussehe, und die Kinder interessiert das auch nicht. Für die war immer nur wichtig, was ich von morgens bis abends für sie getan habe. Die einzige Freude, die ich kenne, ist nun einmal, gut zu essen!«
Ich erfuhr, daß Trudes pflegebedürftige Mutter genau zu dem Zeitpunkt ins Haus gezogen war, als die Kinder anfingen, weniger Arbeit zu machen. Und kaum war die Mutter gestorben, da stand der betagte Schwiegervater vor der Tür. Er war inzwischen über neunzig und bedurfte aufwendiger Pflege.
»Die einzige Gelegenheit, mich tagsüber zu entspannen«, erzählte Trude, »bietet sich mir am frühen Nachmittag, wenn mein Schwiegervater seinen Mittagsschlaf hält. Dann setze ich mich nach dem Spülen mit einer guten Tasse Kaffee und ein oder zwei Stück Kuchen gemütlich hin. Sag selbst, warum sollte ich mir die kleine Freude verwehren? Kann mir doch egal sein, wenn der Sargträger später schwer zu schleppen hat!«

Zum Beispiel: Christa

Christa und ich hatten zusammen studiert. Die meisten von uns dachten damals: Ein paar Jahre werde ich in meinem Beruf arbeiten, mir eine ansehnliche Aussteuer ver-

dienen und dann heiraten. Mein Erspartes wird reichen, eine Wohnung einzurichten. Danach werde ich Kinder bekommen und vom Einkommen meines Mannes leben.
Doch bei Christa kam es anders. Ihr Auserwählter verdiente nur wenig, so daß sie nach der Heirat berufstätig blieb. Selbst als Schlag auf Schlag nacheinander drei Kinder kamen, konnte sie ihre Berufstätigkeit als Lehrerin nicht aufgeben. Die Arbeit wuchs ihr oft genug über den Kopf. Sie hetzte zwischen Schule und Wohnung hin und her. Noch blieb ihr die Hoffnung, daß es eines Tages besser würde. Doch als sie über vierzig war und ihr Mann nicht den geringsten Ehrgeiz an den Tag legte, beruflich weiterzukommen (wozu auch? – Die Frau verdiente ja mit!), zerbrach in ihr etwas.
Die Kinder waren inzwischen mit der Schule fertig und wollten studieren. Das würde noch jahrelang eine Menge Geld verschlingen. Um ihren Kummer zu ertränken, griff Christa zur Flasche und spülte ihre Sorgen Schluck um Schluck hinunter. Sie gewöhnte sich an, sich den Alltag immer dann durch ein paar Gläser Alkohol zu erleichtern, wenn er ihr gar zu grau erschien. Bald konnte sie ohne Alkohol nicht mehr leben.
Einmal unterzog sich Christa einer Entziehungskur. Doch es vergingen nur wenige Monate, bis sie wieder Trost bei der Flasche suchte. Christa hat sich aufgegeben.

Zum Beispiel: Helga

Erst vor wenigen Wochen habe ich von Helgas Tod erfahren. Sie war eine alte Schulkameradin von mir und besuchte die Klasse über mir. Sie hat sich ertränkt, weil sie keine Zukunft mehr sah.

Mit ihren Eltern hatte sie sich wegen des Ehemanns überworfen. Doch der ließ sie im Stich, obwohl sie ihn dringend gebraucht hätte.
Helga hat drei Kinder, von denen das jüngste aufgrund einer geistigen und körperlichen Behinderung ein Schwerstpflegefall ist.
In ihren dreißig Ehejahren hat Helga nie Zeit gehabt, an sich selber zu denken und etwas für sich zu tun. Anfangs drehte sich alles ums Geschäft und um den Bau des Eigenheims. Nach ihren Wünschen fragte keiner. Später stand die Ausbildung der Kinder im Vordergrund. Die beiden älteren studierten, der Jüngste wurde von Helga gepflegt und umsorgt.
Die Zeit verging, und die beiden Großen zogen aus dem Haus. Sie hatten jeder einen Beruf erlernt und eine sichere Anstellung. Bald darauf gab der Mann das Geschäft aus gesundheitlichen Gründen auf und führte fortan ein beschauliches Rentnerdasein. Er war nicht ernsthaft krank, und als er den Streß seines Betriebes nicht mehr ertragen mußte, ging es ihm bald wieder gut.
Nur das Leben seiner Frau änderte sich nicht. Die Betreuung des behinderten Kindes war für Helga sogar wesentlich schwieriger geworden. Es hatte mittlerweile fast die Größe und das Gewicht eines Erwachsenen, war aber hilflos wie ein Baby. Der Ehemann dachte nicht im Traum daran, sich an der Pflege seines hilfebedürftigen Sohnes zu beteiligen. Er kam auch nicht auf die Idee, seine Frau einmal abzulösen, damit sie etwas unternehmen und auf andere Gedanken kommen konnte. Tagsüber widmete er sich seinen Hobbies, und die Abende verbrachte er mit seinen Freunden im Gasthaus.
Seine Frau saß Tag und Nacht allein zu Hause. Abgesehen von der psychischen Belastung, die weit über das

hinausging, was ein Mensch normalerweise verkraften kann, hatte sie sich bereits körperliche Schäden zugezogen: Ihre Wirbelsäule zeigte seit langem Abnutzungserscheinungen durch das ständige Heben des schweren Jungen. Helga litt an Rückenschmerzen und Unterleibsverspannungen, über die sie nur andeutungsweise sprach.
Wen wundert es also, daß sie schwermütig wurde? Aber niemand erkannte ihre stummen Notsignale und bot ihr Hilfe an. So lebte und starb sie allein, zerbrochen an einer Zukunft, die nichts Positives mehr erwarten ließ.

Ich war erschüttert über Helgas Ende. Erschüttert darüber, daß so etwas in unserer scheinbar aufgeklärten und sozialen Gesellschaft vorkommen kann. Für Behinderte, Außenseiter und Randgruppen wird viel getan. Aber für Frauen in der Lebensmitte geschieht wenig. Im Gegenteil: Jeder meint, ihnen alles aufbürden, alles auf sie abladen zu können. Das Schlimmste aber ist, daß ihnen obendrein ein schlechtes Gewissen eingeredet wird. Im Kapitel »Das schlechte Gewissen« werde ich noch einmal ausführlich auf diese sehr wichtige Problematik zu sprechen kommen und Helgas Geschichte aufgreifen.
Die »Hoffnungslosen« müssen an zwei Fronten kämpfen: Zur Verständnislosigkeit ihrer Umwelt kommt als größeres Hindernis noch ihre eigene Mutlosigkeit, die sie überwinden müssen.
Ich habe erzählt, daß ich damit begann, alleinstehende Frauen zu beobachten, um das Geheimnis ihrer Zufriedenheit zu ergründen. Durch aktives Lesen, das Fernsehen und verschiedene Interviews mit Frauen aus unter-

schiedlichen Altersgruppen und sozialen Schichten auf dem Land und in der Stadt versuchte ich herauszufinden, ob mit fünfzig zwangsläufig alles gelaufen sein muß.
Die Antwort lautet: Nein, absolut nicht! Das Leben fängt jetzt erst richtig an! Weder Schmerzen noch Krankheit oder Unansehnlichkeit müssen um das fünfzigste Lebensjahr zwangsläufig von uns Besitz ergreifen. Wir haben es weitgehend selber in der Hand, die typischen Alterserscheinungen um viele Jahre hinauszuschieben! Neue medizinische Erkenntnisse helfen uns dabei, vor allem aber eine neue innere Einstellung zum Alter und zu uns selbst. Mehr darüber folgt im III. Teil dieses Buchs unter der Überschrift »Schönheits- und Körperpflege«.

Verschenkte Chancen

Wenden wir uns jetzt den »chronisch Unzufriedenen« zu. Das sind zum einen die Frauen, die zwar schon immer viel Zeit für sich hatten, damit aber nicht viel anzufangen wußten. Zum anderen gehören auch jene Frauen zu dieser Gruppe, die erst seit kurzem über viel freie Zeit verfügen und dieser Veränderung hilflos gegenüberstehen.

Zum Beispiel: Anita

Anita war trotz Heirat berufstätig geblieben. Sie zog zwei Kinder groß und gönnte sich nie etwas. Sie investierte alles in ihren Mann und ihre Söhne. Als die Kinder eigene Wohnungen bezogen, hoffte sie auf angenehmere Zeiten. Da traf sie aus heiterem Himmel die Nachricht, daß ihr Mann sie seit langem mit ihrer besten Freundin betrog.
Anita entschloß sich zur Scheidung. Sie fühlte sich doppelt verlassen: vom Mann und von der Freundin. Sie war völlig hilflos und unfähig, mit sich selbst etwas anzufangen. Sie hatte ja nie Zeit gehabt, eigene Interessen zu entwickeln. In ihrer Verzweiflung stürzte sie sich in Diskotheken und verheiratete sich wieder mit dem erstbesten Mann, der ihr über den Weg lief. Er war zwölf Jahre jünger als sie und stellte noch ganz andere Erwartungen an das Leben. Anita merkte das, nachdem die ersten

Monate des Verliebtseins verflogen waren: Ihr neuer Mann war sehr sportlich. Er hielt sich mit seinen Sportkameraden stundenlang auf dem Fußballplatz und im Clubhaus auf. Sie hingegen liebte es, beschaulich im Wohnzimmer zu sitzen, mit ihrem Mann fernzusehen oder sich mit ihm bei einem Glas Wein zu unterhalten. Doch dazu kam es selten.
Die Tatsache, daß sich die Ehe nicht nach ihren Wünschen gestaltete, verursachte Anita chronische Kopfschmerzen. Sie griff immer öfter zu Schmerzmitteln und pumpte sich damit voll, bis sie sich so daran gewöhnt hatte, daß die Mittel ihre Wirkung verloren. Inzwischen hatten die Medikamente den Magen und andere Organe in Mitleidenschaft gezogen und verursachten neue Beschwerden. Mit viel Geduld gelang es einem tüchtigen Arzt, Anita nicht nur von ihrer Tablettenabhängigkeit zu heilen, sondern sie auch ganz von den Kopfschmerzen zu befreien. Zu ihrer Genesung trug auch der Umstand, daß sich ihr Mann in dieser Zeit rührend um sie kümmerte und seine eigenen Interessen zurückstellte, entscheidend bei.
Doch kaum war Anita wieder auf dem Damm, nahm er seine sportlichen Aktivitäten erneut auf. Und damit nicht genug: Er fühlte sich nun auch berufen, etwas für seine Heimatstadt zu tun, und stürzte sich in die Kommunalpolitik. Je näher die Kommunalwahlen rückten, desto häufiger war er abends außer Haus. Als all ihre Bitten, er möge doch zu Hause bleiben und sie nicht allein lassen, nicht fruchteten, fing sie an, ihm zu drohen: Sie werde sich umbringen, wenn er sie weiterhin so vernachlässige, sie halte das nicht aus. Anita startete tatsächlich mehrere Selbstmordversuche, doch stets so, daß er sie rechtzeitig finden mußte. Sie erreichte damit, daß er

einige Abende händchenhaltend bei ihr verbrachte. Doch schließlich war ihr Mann das Ganze leid und sagte ihr knallhart: »Weißt du was? Ich lasse mich nicht von dir einsperren und unter Druck setzen. Mir hängt das ganze Theater zum Hals heraus. Ich gehe!«
Nun drohte sie erst recht mit Selbstmord. Abgebrüht durch die Präzedenzfälle blieb er cool, packte seine Sachen und zog aus. Die Scheidung war nur noch eine Formsache und ging schnell über die Bühne. Seine neue Frau toleriert nicht nur seine Aktivitäten, sie begleitet ihn sogar häufig und hat auch ihre eigenen Ambitionen. Anita aber ist weiterhin allein, schluckt wieder alle möglichen Pillen und klammert sich abwechselnd an ihre zwei Söhne. Doch diese wollen ihr eigenes Leben führen, und es ist nur eine Frage der Zeit, wann sie die Mutter, die sich störend in ihr Leben drängt, zurück- und vielleicht endgültig abweisen werden.

Zum Beispiel: Magda

Über zuviel Arbeit konnte sich Magda eigentlich nie beklagen. Sie war eine liebevolle Mutter und widmete ihrem einzigen Kind jede freie Minute, die neben Haushalt und Ehemann übrigblieb. Als der Sohn heiratete und aus dem Haus ging, empfand sie eine große Leere.
Magda war zu diesem Zeitpunkt erst vierundvierzig Jahre alt. Sie hätte sicher noch eine sinnvolle Tätigkeit gefunden, die sic hätte ausfüllen und befriedigen können. Statt dessen aber jammerte sie, wie einsam sie sei. Sie verlangte, daß der Sohn sie oft besuchte, und tauchte zu jeder Tageszeit bei den Frischvermählten auf. Denen wurde das zunehmend unangenehmer, besonders der Schwiegertochter. Daher herrschte zwischen den Frauen

ein gespanntes Verhältnis. Kaum hatte das erste Enkelkind das Licht der Welt erblickt, nahm die frischgebackene Oma das zum Anlaß, noch öfter in die Familie hineinzuplatzen. Der Schwiegertochter wurde das schließlich so lästig, daß sie ihren Mann dazu überredete, eine Auslandsstelle anzunehmen.
Im Ausland entwickelte sich die junge Familie prächtig und wuchs um eine Tochter an. Magda verfiel daheim in Depressionen und mußte wiederholt für einige Monate in ein Sanatorium. Sie konnte sich nur noch mit mehreren Medikamenten ausgerüstet über längere Zeit hinweg zu Hause aufhalten.
Ihr Zustand besserte sich erst, als ihr Mann in Rente ging und den ganzen Tag bei ihr blieb. Um sie abzulenken, unternahm er mit ihr ausgiebige Reisen. Das tat ihr jedesmal gut. Dennoch entwickelte sie keine eigene Initiative, sondern lebte nur durch und für ihren Mann. Sollte Magdas Mann vor ihr sterben, was aufgrund seines Altersvorsprungs und der geringeren Lebenserwartung der Männer wahrscheinlich ist, wird Magda wohl in einer Anstalt enden, wenn sie sich nicht vorher das Leben nimmt.

Zum Beispiel: Anneliese

Vor ihrer Heirat war Anneliese mehrere Jahre lang Balletteuse an mittleren Theatern. Nach der Heirat nahm sie kein Engagement mehr an, weil ihr Mann sie ganz für sich haben wollte. Auf Kinder verzichtete sie – ihrer Figur zuliebe, wie sie sagte – und zehrte einige Jahre lang von ihrem verflossenen Ruhm. Sie erzählte jedem, ob er es hören wollte oder nicht, von ihren vergangenen Erfolgen und gab anfangs bei auswärtigen Familien-

festen hin und wieder eine kleine Privatvorstellung, aber das schlief bald ein.
Mitte Vierzig war sie tagsüber meist allein in der Wohnung und überfiel ihren Mann abends, wenn er nach Hause kam, mit einem Gezeter über die Ereignisse, die sie durch den Spion im Treppenhaus beobachtet hatte: Kinder waren die Treppe hinaufgepoltert oder lärmend auf dem Geländer heruntergerutscht. Jemand hatte die Deckel der Mülltonnen offengelassen. Ein Kinderwagen stand widerrechtlich im Hausflur.
Annelieses Mann waren diese Empfänge so zuwider, daß er sein Heimkommen allmählich auf einen immer späteren Zeitpunkt verlegte. Anneliese tröstete sich inzwischen mit der Flasche. Wenn er kam, lag sie meistens im Bett oder auf dem Sofa und schlief. Eines Abends aber stand ein Feuerwehrauto vor der Haustür, die Wohnungstür war aufgebrochen, und Feuerwehrmänner liefen hin und her. Anneliese lag zu diesem Zeitpunkt bereits mit einer Rauchvergiftung im Krankenhaus. Sie war betrunken mit einer brennenden Zigarette im Bett eingeschlafen. Passanten hatten aus dem gekippten Oberlicht verdächtigen Rauch beobachtet und die Feuerwehr alarmiert.
Anneliese hatte sich durchgesetzt: Endlich stand sie wieder im Mittelpunkt. Sie genoß es sichtlich, daß ihr Mann sie jeden Abend im Krankenhaus besuchte und mit Aufmerksamkeiten überschüttete: Pralinen, Blumen, Bücher. Er schenkte ihr sogar den lang ersehnten Diamantenring.
Als sie nach Hause zurückkam, war ihr Schlafzimmer komplett renoviert und zeigte keine Spuren mehr von dem Brand. Ihr Mann blieb eine ganze Weile lang rücksichtsvoll und aufmerksam. Er kam pünktlich nach

Hause und widmete ihr seine Freizeit. Mal gingen sie essen, mal ins Kino oder Theater, mal setzten sie sich zu zweit vor den Fernseher.

Bald wurde ihm das aber zu anstrengend oder zu langweilig, und er kam wieder später nach Hause. Sie sann lange Zeit auf Abhilfe. Schließlich glaubte sie, das Richtige gefunden zu haben und schluckte eines Tages, kurz bevor er nach Hause kam, den gesamten Inhalt eines Röhrchens Schlaftabletten. Annelieses Mann reagierte wie erwartet: Er schaffte sie umgehend in die Klinik, wo ihr der Magen ausgepumpt wurde, und verhätschelte sie wieder einige Tage lang. Dann kehrte erneut der Alltag ein.

Das Spielchen schien ihr zu gefallen, und sie wiederholte es von Zeit zu Zeit. Sie nahm die Tabletten stets so ein, daß er sie rechtzeitig finden mußte. Ihn aber zermürbte dieses Spiel, und so suchte Annelieses Mann Trost bei einer anderen Frau. Eines Abends kam er gar nicht nach Hause. Für Anneliese wurde dieser Umstand zum Verhängnis: Ihr Mann fand sie am nächsten Abend im Bett — sie war tot.

Dennoch hatte er kein schlechtes Gewissen, und nachdem eine gewisse Anstandsfrist verstrichen war, heiratete er die andere.

Das schlechte Gewissen

Männer haben fast nie eines, Frauen ständig. Das schlechte Gewissen scheint ein weibliches Privileg zu sein, und unsere Generation leidet ganz besonders darunter.
Zum Beispiel Helga: Sie hat ihren schwerbehinderten Sohn jahrelang eigenhändig gepflegt, selbst dann noch, als die Aufgabe über ihre psychischen und physischen Kräfte ging. Warum hat sie ihn nicht in ein Heim gegeben?
Helgas Gewissen hätte diesen Schritt nie zugelassen. Sie wollte nicht als schlechte Mutter gelten, keine Rabenmutter sein, die ihr Junges aus dem Nest wirft. Wie hätte sie vor ihrem Mann, der Verwandtschaft und dem ganzen Dorf dagestanden?
Außer ihr hatte allerdings niemand ein schlechtes Gewissen: Der Mann ging seelenruhig seinen Hobbies nach und überließ seiner Frau die Verantwortung und Mühe für den Sohn. Er hatte keine Gewissensbisse, wenn er abends in einer Kneipe herumhing und sie mit allen Problemen allein ließ. Warum hat er ihr zum Beispiel nie gesagt: Fahr einmal einige Tage weg und gönn dir eine Pause?
Warum hat aus der Verwandtschaft niemand gesagt: Wir nehmen den Jungen für ein paar Tage, damit du mit deinem Mann Urlaub machen und neue Kräfte sammeln kannst?

Warum hat niemand aus der Nachbarschaft gesagt: Wenn Sie einmal in die Stadt fahren wollen, bleibe ich gern einige Stunden bei dem Kind?
Dabei wäre so viel persönliches Engagement gar nicht notwendig gewesen. Es hätte Helga schon geholfen, wenn jemand nur einmal zu ihr gesagt hätte: »Das geht doch über deine Kräfte! Soviel Einsatz verlangt gar keiner von dir. Es gibt so viele Heime, in denen der Junge gut aufgehoben wäre, und niemand wird dich deswegen verachten. Du mußt endlich einmal an dich denken, sonst gehst du vor die Hunde!«
Wenn man ihr das öfter gesagt hätte, wäre Helga der Schritt sicher leichter gefallen. Sie hätte sich von dem Kind lösen und auch einmal an ihre eigenen Bedürfnisse denken können.

Wie sehr eine Mutter unter ihrem schlechten Gewissen leiden kann, erfuhr ich von Frau Menge. Ihr Sohn ging in meine Klasse und war völlig normal, ein aufgewecktes Kerlchen, nur auffallend ernst. Lange dachte ich, er sei ein Einzelkind. Erst nach zwei Jahren erfuhr ich durch die Mutter, daß er einen acht Jahre älteren Bruder hat. Die Mutter erzählte es mir zögernd, so als gestehe sie sich gerade ein großes Unrecht ein, das sie verursacht hatte.
Tatsache war, daß Frau Menges Erstgeborener so extrem behindert zur Welt gekommen war, daß nicht die geringste Aussicht auf Besserung bestand. Jahrelang pflegte sie das Kind ohne fremde Hilfe. Nahezu die einzigen Lebenszeichen waren Nahrungsaufnahme, Ausscheidung und Wachstum. Niemals glitt ein Lächeln über sein Gesicht. Niemals ein Anzeichen, daß das Kind seine Mutter erkannte. Es gab keine Silbe von sich, hob nie-

mals den Kopf oder strampelte. Nach sechs Jahren war die Frau körperlich und nervlich am Ende. Da entschloß sie sich, das Kind in ein Heim zu geben.

»Sie glauben gar nicht«, erzählte sie, »was das für eine Erleichterung war! Endlich konnte ich aufatmen, wieder an etwas anderes als immer nur an das Kind denken und abwechslungsreichere Dinge tun.« Doch ihre verhärmten Züge paßten nicht so recht zu dem, was sie sagte.
Tatsächlich fuhr Frau Menge fort: »Aber glauben Sie nicht, daß damit alles ausgestanden war. Nachdem sich im Dorf herumgesprochen hatte, daß Daniel in ein Heim gegeben worden war, guckte man mich überall scheel an. Keiner hat mich ermuntert und gesagt: Das war richtig! Sie wären daran ja zerbrochen! Was ich zu hören bekam, war: Ja, wie konnten Sie denn Ihr eigenes Kind weggeben? Dabei hatte keiner von denen mir auch nur einmal das Angebot gemacht, mein Kind mal für eine Stunde zu betreuen!«
Auch aus der Verwandtschaft kam weder praktische noch moralische Unterstützung. Aus zweiter Hand erfuhr sie, was man hinter ihrem Rücken munkelte: Die muß ganz schön herzlos sein, daß sie ihr Kind einfach so abschiebt! oder: Es war ein Fehler von Heinz, diese Frau zu heiraten. – Ist ja eine richtige Rabenmutter!
Als sie zum zweitenmal schwanger wurde, freute sie sich, aber ihre Umgebung machte ihr wenig Mut. »Haben Sie denn keine Angst, daß es so wird wie das erste?« fragte man sie. Eine Nachbarin meinte: »Daß du den Mut zu einem zweiten Kind hast! Stell dir bloß vor, es wird wie Daniel ...« Doch Frau Menge stellte sich das nicht vor, sondern lief weinend ins Haus und hoffte inbrünstig, daß

das zweite Kind gesund und normal auf die Welt kommen werde.
»Als ich Sascha zum erstenmal sah, war ich überglücklich«, schilderte mir Frau Menge. »Irgendwie sah man sofort, daß er anders als Daniel war. Und als er mich nach wenigen Wochen das erste Mal anlächelte, war ich mit meinem Schicksal versöhnt.«
»Sie wirken aber immer noch bedrückt«, warf ich ein.
»Sie haben recht«, gestand sie. »So ganz froh kann ich nicht werden. Während ich mich über Saschas Entwicklung und Fortschritte freue, habe ich Daniel gegenüber ein schlechtes Gewissen. Um es zu beruhigen, besuche ich ihn hin und wieder. Doch jeder Besuch deprimiert mich dermaßen, daß ich danach völlig ausgelaugt bin: Er liegt regungslos in seinem Heimbett und merkt offenbar nicht einmal, daß ich da bin.«
Ich versicherte ihr, daß ich ihre Situation verstehe und daß ich ihren Mut bewundere, sich gegen die Meinung der Leute im Dorf durchzusetzen. Ich finde, daß sie richtig gehandelt hat.
Frau Menge blickte mich dankbar an. »Sie sind die erste, die mir das sagt«, murmelte sie.
»Natürlich haben Sie das«, bekräftigte ich meine Aussage.
»Sie sagen ja selber, daß Sie nach den sechs Jahren mit Daniel im Haus nervlich am Ende waren. Wenn Sie sich selbst ruinieren, erweisen Sie weder dem Jungen noch dem Rest ihrer Familie einen Dienst, ebensowenig sich selbst. Sascha hätte es dann gar nicht gegeben — das wäre doch schade, oder? Schließlich hat auch er ein Recht zu leben. Und Sie ebenfalls.«
Soweit unser Gespräch, das nun mehrere Jahre zurückliegt. Ich glaube, daß ich Frau Menge damals ein wenig

geholfen habe. Sie hätte bestimmt noch mehr Menschen gebrauchen können, die ihr den Rücken stärkten, statt sie anzufeinden.

Gerade wenn es um behinderte Kinder geht, herrschen sowohl bei den Betroffenen als auch in deren sozialem Umfeld große Hilflosigkeit und Unwissenheit. Sofern Sie selber Mutter eines behinderten Kindes sind, sollten Sie sich bewußt machen, daß Sie, genau wie jede andere Mutter, ein Recht auf ein eigenes Leben haben.

Machen Sie andererseits Frauen in Ihrem Bekanntenkreis, die sich entschließen, ihr behindertes Kind in ein Heim zu geben, kein schlechtes Gewissen. Niemand wird eine solche Entscheidung leichtfertig treffen, und oft sind Frauen in dieser Situation am Ende ihrer Kräfte. Geben Sie ihnen moralische Unterstützung! Das wird ihnen sehr helfen. Sie dürfen ihr sogar praktische Hilfe anbieten, etwa die stundenweise Betreuung des behinderten Kindes. Das bringt Sie nicht um, und Sie verschaffen der Mutter eine kleine Atempause, in der sie Erholung und Abwechslung finden kann.

Frauen, die in solche Situationen involviert sind, sollten sich solidarisch zeigen. Schließlich kennt jede von uns das Gefühl, Opfer des eigenen schlechten Gewissens zu sein, das viele von uns schon mit der Muttermilch aufgesogen haben.

Zum Beispiel: Elfriede

Elfriede bekam schon im Alter von fünf Jahren von ihrer Mutter zu hören: »Dich gäbe es gar nicht, wenn dein Bruder am Leben geblieben wäre!« Den vorwurfsvollen Ton und den anklagenden Blick ihrer Mutter hat Elfriede bis heute nicht vergessen. Nachdem das kleine

Mädchen diesen Satz zum erstenmal gehört hatte, trug sie das Gefühl mit sich herum, daß schon die Tatsache, daß sie zur Welt gekommen war, ein Unrecht sei.
Elfriede glaubte, alles tun zu müssen, um das, was sie verbrochen hatte, wieder gutzumachen. Klaglos verrichtete sie Arbeiten, die ihre Kräfte fast überstiegen. Zum Spielen kam sie kaum.
Als Elfriede zehn Jahre alt war, schnappte sie eine Bemerkung der Mutter auf, die ihre Eindrücke noch verstärkte und sie zeitlebens belastete. Die Mutter arbeitete als Weißnäherin in verschiedenen Häusern. Elfriede begleitete sie und mußte schon als Kind einfache Näharbeiten verrichten. Einmal machte eine Kundin Elfriedes Mutter Vorhaltungen: »Halten Sie das arme Kind doch nicht immer zur Arbeit an. Es ist noch so klein und möchte bestimmt lieber spielen!« Darauf antwortete die Mutter verbittert: »Meinen Sie, ich hätte mein Leben aufs Spiel gesetzt, damit mein Kind hier herumhockt und nichts tut?«
Erst etliche Jahrzehnte später, nachdem die Mutter gestorben und Elfriede selbst mehrfache Großmutter geworden war, ist es ihr gelungen, sich von dem Druck ihres schlechten Gewissens freizumachen.

Zum Beispiel: Karin

Karins Mutter wurde nach Ausbruch des Krieges schwanger, während ihr Mann schon lange an der Front war. Er fiel, noch ehe er von der Schwangerschaft erfuhr. Seine Familie verhielt sich der jungen Mutter gegenüber großartig. Die Schwiegereltern akzeptierten das Kind als wäre es das ihres Sohnes, obwohl ihnen klar war, daß dem nicht so sein konnte. Es durfte seinen Namen tragen und hätte damit die besten Voraussetzungen für eine normale Kindheit gehabt.

Die junge Mutter aber wurde mit ihrem schlechten Gewissen nicht fertig. Sie schubste das Kind von Pflegefamilie zu Pflegefamilie. Schon früh ließ sie vor dem Kind Bemerkungen fallen wie: »Du hast mein Leben zerstört«, »Du hast meine Zukunft ruiniert« oder: »Du bist schuld an meinem Unglück«. Daß Karin trotz alledem psychisch im Gleichgewicht blieb, ist allein der Tatsache zu verdanken, daß ihre »Großeltern« sie schließlich zu sich nahmen und ihr die Liebe und Geborgenheit gaben, die das Kind brauchte.

Nach einigen Jahren nahm die Mutter, die inzwischen einen neuen Ehemann gefunden hatte, Karin wieder zu sich, allerdings nur, um sie im Haushalt zu beschäftigen, unter dem Vorwand: »Du hast vieles an mir gutzumachen«. Heute hat Karin selbst drei Kinder und ist berufstätig. Dennoch läßt die Mutter sie immer noch antanzen, indem sie Karins schlechtes Gewissen, das sie ihr beizeiten eingeimpft hat, ausnutzt – nach dem Motto: »Du bist schuld daran, daß ich alt und krank bin, und du bist für meine Pflege verantwortlich!«

Oftmals sind es unsere Mütter, die in uns frühzeitig den Grundstein für ein schlechtes Gewissen legen – wenn auch nicht immer mit so deutlichen Worten wie Elfriedes oder Karins Mutter. Sie machen uns dadurch gefügig, erleichtern sich die Erziehungsarbeit, reichen uns ihr eigenes schlechtes Gewissen weiter oder ziehen uns einfach nur zur fleißigen Hilfskraft heran. Dieses schlechte Gewissen wissen Ehemänner oft zu pflegen und auszubauen: Die Frau muß ein schlechtes Gewissen haben, wenn sie nicht staubgewischt hat, wenn seine Schuhe nicht geputzt sind oder wenn das Essen nicht rechtzeitig

auf dem Tisch steht. Das gleiche gilt, wenn sie einmal fernsieht, ein Buch liest oder etwas anderes für sich tut.
Sogar die Werbung nutzt es weidlich aus: Sie suggeriert uns ein schlechtes Gewissen, wenn wir den falschen Weichspüler benutzen, unseren Babys die falschen Windeln kaufen oder der Familie nicht die richtige Zahnpasta besorgen. Auch die Öffentlichkeit trampelt darauf herum. Nehme ich eine Berufstätigkeit auf, muß ich ein schlechtes Gewissen haben, weil ich einem Mann den Arbeitsplatz wegnehme.
Bleibe ich zu Hause und widme mich meiner Familie, muß ich ein schlechtes Gewissen haben, weil ich nichts für das Bruttosozialprodukt tue. Bekomme ich als Berufstätige ein Kind, muß ich ein schlechtes Gewissen haben, weil ich Mutterschaftsurlaub beanspruche. Bekomme ich kein Kind, wirft man mir vor: Wer soll unsere Renten zahlen? Geht eine Frau in die Politik, heißt es: Dieses emanzipierte Weib wäre besser zu Hause am Herd geblieben. Halte ich mich aus der Politik heraus, heißt es: Die ist desinteressiert, bequem und läßt andere die Kastanien aus dem Feuer holen.
Die Männer dagegen brauchen nie ein schlechtes Gewissen zu haben. Oder hat man jemals erlebt, daß ein Mann ein schlechtes Gewissen hat, wenn er Zeitung lesend im Sessel sitzt, wenn seine Frau erschöpft von der Arbeit heimkommt? Es rührt ihn keineswegs, wenn sie – mit schweren Einkaufstüten beladen – keuchend die Wohnung betritt. Während sie sich hastig für die Küchenarbeit umzieht, schreit er schon aus dem Wohnzimmer: »Gibt es bald Essen?«
Ist sie vor ihm zu Hause und zaubert in aller Eile eine Mahlzeit auf den Tisch, macht er sich kein Gewissen dar-

aus, eine, zwei oder gar drei Stunden später als sonst zu kommen.
Auch wenn unser Ehemann unsere Mutter darin abgelöst hat, unser schlechtes Gewissen zu pflegen, hört sie deshalb noch lange nicht damit auf, uns zu traktieren.

Zum Beispiel: Margit

Egal, wie sich Margit fühlte, egal, ob ihr Mann Ansprüche an sie stellte, ob die Kinder sie brauchten oder sie selbst etwas vorhatte — beim leisesten Wink der Mutter hatte sie zu erscheinen. Tat sie es nicht, brach sie unter den Vorwürfen und ihrem schlechten Gewissen zusammen.
Erfüllte sie jedoch die Wünsche der Mutter, hatte sie dem Mann und den Kindern gegenüber Gewissensbisse. Sie versuchte, ihr Gewissen zu beruhigen, indem sie sich Mann und Kindern noch intensiver widmete. Ihre eigenen Interessen blieben dadurch völlig auf der Strecke.
»Jetzt kann ich nicht mehr«, stöhnte Margit. »Danken tut es mir keiner: Meine Mutter ist trotz allem unzufrieden. Die Kinder gehen ihre eigenen Wege, und mein Mann lebt nur für seinen Beruf und sein Hobby. Ich habe lange genug für jeden in meiner Familie etwas getan. Jetzt bin ich dran. Ein paar Jährchen will ich jetzt ganz für mich haben — ohne ein schlechtes Gewissen!«
Ich fragte neugierig: »Seit wann beschäftigst du dich schon mit solchen Gedanken?«
»Seit drei Jahren«, antwortete Margit. »Da habe ich angefangen, egoistisch zu sein und endlich mal etwas für mich zu tun.«
»Stand dir vorher dein schlechtes Gewissen im Weg?« bohrte ich weiter.

»Genau!« bestätigte sie. »Aber darüber bin ich hinweg. Weitgehend jedenfalls.«
»Wie hast du das geschafft?«
»Das war nicht einfach«, erzählte Margit. »Es begann damit, daß ich mich fragte, was meine Mutter eigentlich je für ihre Mutter getan hat. Ich lebte mit der Vorstellung, daß ich für jeden etwas tun müsse, nur an mich dürfe ich nicht denken. Bis zu meinem siebenundvierzigsten Lebensjahr befolgte ich dies ungeschriebene Gesetz blind. Doch als mir klar wurde, daß meine Mutter in ihrem Leben wenig, ja eigentlich gar nichts für ihre eigene Mutter getan hatte, da änderte sich meine Einstellung. Warum soll ich eigentlich ständig etwas für sie tun? fragte ich mich. Wie kommt sie dazu, von mir Dinge zu fordern, die sie für ihre Mutter nie getan hätte? Mit welchem Recht erwartet sie so etwas von mir? Von diesem Zeitpunkt an schaffte ich es endlich, auch einmal nein zu sagen, wenn sie mich rief. Die auf diese Weise gewonnene Zeit nutzte ich für mich.«
»Und wie klappte das mit den Kindern?« fragte ich weiter.
»Auch da mußte ich an meine Mutter denken: Was hatte sie schon für uns getan, insbesondere für mich? Ich war die Älteste und mußte schon früh 'ran. Was ich alles getan habe! Von meinen eigenen Kindern habe ich nie so viel verlangt. Im Gegenteil: Ich war immer für sie da, auch noch, als sie größer wurden. All die Fahrten zum Ballettunterricht, Judo, Schwimmen und zu den Geburtstagsparties! So etwas habe ich als Kind nie erlebt. Wenn meine Kinder Kummer hatten, habe ich mir immer Zeit genommen, ihnen zugehört und sie getröstet. Zu meiner Mutter brauchte man damit gar

nicht erst zu kommen. Da war einem eine Abfuhr gewiß!«
»Das kommt mir alles sehr bekannt vor«, nickte ich. »Und jetzt? Bringst du es wirklich fertig, für deine Kinder nichts mehr zu tun?«
»Um Himmels willen, nein!« sagte Margit. »Ich bin nach wie vor ihre erste Anlaufstelle, wenn sie Probleme haben. Und noch immer tue ich mehr als genug für sie, obwohl sie mittlerweile neunzehn und vierundzwanzig Jahre alt sind. Als ich in dem Alter war, hat meine Mutter für mich schon lange keinen Handschlag mehr getan. Trotzdem gönne ich mir inzwischen einiges und habe auch kein schlechtes Gewissen, wenn ich einmal wegfahre. Sonst sind sie doch auch so selbständig – da werden sie sich ja wohl hin und wieder selber ihr Essen aus dem Kühlschrank zusammenstellen können, oder?«
Nun war ich neugierig darauf zu hören, was sich Margit gönnte und wieviel Zeit sie darauf verwandte. Sie erzählte, daß sie seit drei Jahren einen Englischkurs an der Volkshochschule besuchte. Dabei hatte sich eine nette Frauengruppe gebildet, die sich seit zwei Jahren zusätzlich einmal im Monat zu einem privaten Kaffeeklatsch traf.
»Wir treffen uns jedesmal bei einer anderen«, berichtete Margit. »Da jede von uns in einem anderen Ort wohnt, ist mit jedem Treffen eine fünfzehn- bis dreißigminütige Fahrt durch eine reizvolle Landschaft verbunden. Anfangs sprechen wir nur Englisch, aber nach dem Kaffee geht es auf Deutsch weiter. Jede kann frei über ihre Probleme reden, ohne Angst zu haben, daß hinter ihrem Rücken darüber getratscht wird. Die anderen Frauen aus der Gruppe machen gerade eine ähnliche Entwicklung wie ich durch: Sie versuchen, ihr schlechtes Gewis-

sen abzubauen. Wir genießen diese Nachmittage und fahren zufrieden nach Hause. Dort holt uns dann der Alltag wieder ein.«
Das Gespräch mit Margit war für mich sehr aufschlußreich. Es bekräftigte mich darin, meine Situation zu überdenken, und machte es mir leichter, dabei kein schlechtes Gewissen mehr zu haben. Es hat mir dazu verholfen, ehrlicher zu mir selber zu sein.

Wer bin ich?

Ich stehe heute kurz vor meinem fünfzigsten Geburtstag. Die rechnerische Lebensmitte habe ich also mit ziemlicher Sicherheit schon überschritten. Erste Alterserscheinungen wie das Nachlassen meiner Kräfte und körperliche Abnutzungserscheinungen lassen sich nicht mehr leugnen.
Trotzdem beherrscht mich das Gefühl, noch gar nicht richtig gelebt zu haben — jedenfalls nicht für mich, sondern immer nur für andere. In meinem bisherigen Leben war ich bescheiden, nahm mich zurück, wollte nicht auffallen, stellte wenig Ansprüche und meinte stets, jedermanns Wünsche erfüllen zu müssen. Letzteres machte mich bei den anderen natürlich beliebt. Aber wenn's ans Eingemachte ging, wurde ich regelmäßig übergangen. Jeder zog und zerrte an mir, nahm sich, was er brauchte, verlangte und erwartete etwas von mir — doch die wenigsten gaben mir etwas zurück! Jeder fand in mir einen geduldigen Zuhörer, konnte mir sein Herz ausschütten und bekam von mir Rat, Trost und Hilfe. Aber wer hörte mir zu? Wer tröstete mich? Wer gab mir einen Rat?
Mir ist klar, daß meine Familie mich auch in Zukunft nicht in Ruhe lassen wird, wenn ich mich nicht wehre, mich ihnen nicht wenigstens zeitweise entziehe und mir mein Recht auf ein eigenes Leben nicht einfach nehme.
Die Rollenverteilung ist klar:
Meine Mutter spielt die hilflose, alte Dame, mein Mann

den ungeschickten, kranken Gemahl, und mein Sohn spielt das unwissende, unerfahrene Kind.
Auf das jeweilige Rollenverhalten reagiere ich per Knopfdruck: mit Fürsorge, Zuwendung, Bedienung, Umsorgen, Bereitstellen und Erledigung — je nachdem. Doch was bleibt von mir und meinem Leben übrig, wenn ich das weiter zulasse? Woraus soll ich neue Kraft schöpfen? Wo kann ich auftanken? Wer stützt mich? Wer ist für meine Sorgen da? Bei wem darf ich schwach und hilflos sein? Wann darf ich endlich Dinge tun, die mir Spaß machen? — All das sind Fragen, die ich mir heute stelle. Ich möchte nicht nur Aufgaben und Pflichten haben und ständig nur den Seelenmüll anderer beiseite schaffen. Natürlich habe ich auch nicht vor, vor meinen Pflichten davonzulaufen und zur Aussteigerin zu werden. Dazu bin ich nicht der Typ und brächte es auch gar nicht fertig. Alles was ich will, ist, mir in der Zeit, die mir voraussichtlich noch bleibt, also in den nächsten dreißig Jahren, ein paar Oasen und Freiräume schaffen. Ich suche stille Inseln der Seligkeit im alles verschlingenden Meer der Pflichten und Aufgaben.
Ich will kein schlechtes Gewissen haben, wenn mal ein paar Hemden ungebügelt liegen bleiben oder zwei Tage lang kein Staub gewischt worden ist. Guten Gewissens möchte ich endlich die Dinge tun können, für die bisher keine Zeit blieb und die ich ständig auf später verschoben habe, wenn ich einmal Zeit habe ... Heute ist mir klar: Diese Zeit werde ich nie haben, es sei denn, ich nehme sie mir — jetzt!
Ich weiß, das hört sich alles so leicht an. Die Frage ist, ob wir Frauen um die Fünfzig — gewohnt, anderen zu dienen und uns ausbeuten zu lassen — das überhaupt schaffen? Selbst wenn wir es schaffen, unser eigenes Gewis-

sen zu beschwichtigen — das Unverständnis unserer Familienangehörigen ist uns gewiß. Sie werden es uns übelnehmen, daß wir von unserer Zeit plötzlich auch einen Teil für uns verwerten wollen, obwohl wir ihnen damit gar nichts wegnehmen.
Aus ihrer Sicht haben wir kein Recht, uns zu verweigern. Statt dessen glauben sie, ein Recht dazu zu haben, über unsere Zeit zu verfügen. Es klingt mir förmlich in den Ohren:
»Bringst du mir ein Glas Wasser?«
»Wo sind meine braunen Schuhe?«
»Ach, binde mir doch bitte rasch meine Krawatte!«
»Gib mir ein Taschentuch!«
»Füll mir noch das Formular aus, bevor ich gehe!«
»Hol mir bitte den Autoatlas!«
»Such schon mal die Telefonnummern heraus!«
»Sei so lieb und ruf mal für mich bei Herrn Soundso an!«
»Schreib mal Frau Soundso zum Geburtstag!«
Jede von uns kennt diese und tausend andere kleine Befehle, die täglich auf uns niederprasseln. Gewiß, es sind keine großen Affären, die man da von uns verlangt. Ihre Ausführung ist weder kompliziert noch besonders anstrengend oder zeitraubend. Immer nur ein paar Minuten, doch die summieren sich! Es ist alles Zeit, in der ich nichts für mich tun kann und die unwiederbringlich vorbei ist. Zeit läßt sich nicht nachholen.
Ich frage mich: Wie kommt es, daß alle so selbstverständlich über meine Zeit verfügen? Habe ich irgendwann einen Fehler gemacht? Mich vielleicht nicht rechtzeitig gewehrt? Möglich, daß meine strenge Erziehung schuld ist, daß ich zu gutmütig bin oder zu naiv.
Angenommen, wir haben irgendwann einen grundlegenden Fehler gemacht und etwas einreißen lassen, das uns

nun zum Nachteil gereicht. Dann ist es allerhöchste Zeit, diesen Fehler zu korrigieren. Dazu ist es nie zu spät.
Wir müssen uns fragen: Wer bin ich denn, daß ich jedermanns Handlanger spiele? Mit welchem Recht erwartet hier jeder, daß ich sein Laufbursche oder Diener bin? Wieso meint jeder, er könne etwas von mir verlangen, nur weil ich nichts von ihm verlange? Bin ich als Ehefrau, Mutter oder Tochter weniger wert als die andern?
Als Kind war es meine Pflicht, zu gehorchen und den Befehlen meiner Eltern nachzukommen.
Als Ehefrau ist es meine Pflicht, den Haushalt zu führen, meinem Mann ein gemütliches Zuhause zu schaffen und für sein leibliches Wohl zu sorgen.
Als Mutter ist es meine Pflicht, dafür zu sorgen, daß meine Kinder behütet aufwachsen.
Inzwischen bin ich fünfzig Jahre alt, und es wird Zeit, den Eltern, dem Ehemann und den Kindern bewußt zu machen, daß ich auch Rechte habe: ein Recht auf Eigenleben, auf Entfaltung und Selbstverwirklichung.
Wir alle sollten unsere Bedürfnisse anmelden und durchsetzen. Durch Erfahrung sind wir ja schon ein bißchen klüger geworden. Spätestens seit »Momo« wissen wir, daß man Zeit nicht für später aufsparen kann. Zeit, die ich nicht für mich verwende, stiehlt mir ein anderer. Für mich ist sie dann verloren. Michael Ende hat das sehr anschaulich durch die grauen Männer dargestellt. Buch und Film haben mich damals sehr beeindruckt. Dort wurde mir bildlich vorgeführt, was ich seit langem empfand: daß sich andere zum Herrn über meine Zeit aufspielen. Ich hatte bereits versucht, dagegen anzugehen, aber mit zuwenig innerer Überzeugung. Ich hatte immer ein schlechtes Gefühl dabei. Jedes bißchen Zeit, das ich mir einmal zum Lesen, zu einem Telefonat oder für einen

Schwatz mit der Nachbarin abzwackte, kam mir wie gestohlen vor. Ich wagte es nicht, frei über meine Zeit zu verfügen und einmal faul im Garten in der Sonne zu liegen.

Mittlerweile denke ich anders darüber. Nach den Gesprächen mit Margit und ähnlich gesinnten Frauen bringe ich es fertig, mich hin und wieder mit der Nachbarin — ohne schlechtes Gewissen gegenüber meiner Mutter oder meinem Mann — für zwei Stunden ins Grüne zu setzen. Notfalls bin ich sogar bereit, die Vorwürfe oder die schlechtgelaunten Gesichter meiner Verwandten zu ertragen. Was zählt, ist meine innere Einstellung, mein neues Selbstbewußtsein! Denn erst, wenn ich mich selber davon überzeugt habe, daß ich kein Aschenputtel bin, werden es auch die anderen glauben.

Ich muß mich selber davon überzeugen: Du bist nicht die Putzfrau der Familie. Du bist nicht der letzte Dreck. Du bist niemandes Lakai. Du bist nicht für alles verantwortlich, und du mußt auch nicht jederzeit für alle greifbar sein.

Ich muß mir sagen: Ich bin die Königin in meinem Reich, nicht die Sklavin. Ich regiere souverän zum Wohle meiner Familie und lasse mich nicht regieren. Ich halte meinen kleinen Staat in Ordnung und habe das Recht auf ein Privatleben.

Wenn wir diese Überzeugung ausstrahlen, werden uns die anderen nicht nur die bisher versagte Anerkennung entgegenbringen, sie werden auch die Zeit, die wir für sie erübrigen, besser zu schätzen wissen.

Diese Einstellung gewann ich nicht über Nacht. Es war ein langwieriger Prozeß, bei dem mir die vielen Gespräche mit anderen Frauen sehr geholfen haben. Sie machten mir bewußt: Du darfst dich nicht unterbuttern lassen, weder von oben, noch von unten, noch von der Seite. Ich muß mir meinen Platz an der Sonne erkämpfen und mich behaupten. Bisher war ich immer davon ausgegangen, daß ich eines Tages wie von selbst nach oben gehievt werden würde. Aber das ist ein Trugschluß.

Die unterdrückte Generation

Als Kind glaubte ich, es gäbe ein paar feste Vorschriften, die man von Generation zu Generation weitergibt. Die ersten zwanzig Lebensjahre hat ein Mädchen – so dachte ich – die brave, fügsame Tochter zu sein, die nur Aufgaben, aber keine Rechte und Wünsche wahrnehmen darf.
Danach – folgerte ich – kommt eine Zeit, in der man die ehrfurchtgebietende, tonangebende, alles beherrschende Frau und Mutter sei. So etwa bis zum fünfzigsten Lebensjahr.
Am Ende lebte man in meiner Vorstellungswelt als gütige und bescheidene Großmutter, die kaum mehr Rechte anzumelden, aber noch genügend Pflichten hatte.
In meiner kindlichen Phantasie lebte diese Großmutter zurückgezogen und trat nur in Erscheinung, wenn die Tochter Hilfe brauchte. So hatte ich es in meiner Familie erlebt und bei meinen Freundinnen, Nachbarn und Verwandten beobachten können. Ich war lange Zeit der Meinung, die jeweils neue Rolle käme zu dem gegebenen Zeitpunkt automatisch auf einen zu.
Doch weit gefehlt! Ich war noch nicht vierzig, da streckten meine Kinder schon die Hände nach dem Zepter aus und schleuderten mir oder meinem Mann Sätze an den Kopf wie: »Immer wollt ihr über uns bestimmen!« – »Jetzt sind wir dran, zu sagen, was gemacht wird!« Und

mich fragten sie: »Wieso sollen wir eigentlich immer tun, was du willst?«
Moment mal! dachte ich im Stillen. So schnell denn doch nicht! Noch haben wir das Heft nicht ergriffen, da wollen schon die Kinder das Ruder übernehmen — bevor wir zum Zuge gekommen sind? Sollen mein Mann und ich ganz übergangen werden, nur weil wir zu gutmütig sind, weil wir zu blindem Gehorsam erzogen worden sind oder weil wir den Kindern immer Verständnis entgegengebracht haben?
Laut sagte ich zu meiner Tochter: »Sag mal, warum sollen wir eigentlich nicht bestimmen, was gemacht wird? Unsere Eltern haben früher auch immer alles bestimmt und tun das heute noch oft — dabei bin ich seit über sechzehn Jahren verheiratet. Wenn du jetzt schon damit anfangen willst zu bestimmen, wo es langgeht, wann komme ich denn dann mal an die Reihe? Soll ich vielleicht nie bestimmen dürfen?«
Das machte meine fünfzehnjährige Tochter nachdenklich. Es leuchtete ihr ein, daß auch ich meine Chance haben wollte. Von da an hatten wir das beste Verhältnis, das Mutter und Tochter haben können. Sie versuchte nie wieder, über mich zu bestimmen. Noch heute holt sie sich oft meinen Rat ein, obwohl sie längst aus dem Haus ist.

Mich interessierte, ob dieses Problem auch in anderen Familien auftrat. Nachdem ich das Regentschaftsproblem mit meiner Tochter und kurze Zeit später auch mit meinem Sohn auf so unkomplizierte Weise gelöst hatte, machte ich verschiedene Beobachtungen bei Bekannten und Fremden. Ich erlebte oft, daß die Kinder den Ton angaben, und fragte nach, wie das Verhältnis dieser

Eltern zu ihren Eltern war. Darauf gab es immer wieder dieselben Antworten:
»Wir hatten großen Respekt vor unserer Mutter« – »Wir hätten niemals gewagt, ihr zu widersprechen« – »Ich habe heute noch Angst vor meiner Mutter!« – »So wie meine Kinder mit mir umgehen, hätte ich es bei meiner Mutter nie gewagt!« – »Meine Mutter würde mir jetzt noch eine Ohrfeige für so eine Antwort geben« oder: »Bisher habe ich immer gemacht, was meine Mutter wollte. Nun tue ich das, was meine Kinder wollen!«

Das gab mir zu denken: Wie werden sich diese Kinder, die schon in jungen Jahren den Ton angeben, eines Tages ihren eigenen Kindern gegenüber verhalten? Werden sie sie unterdrücken, so wie wir unterdrückt worden sind? War das vielleicht ganz normal? Vielleicht ist es der Lauf der Dinge, überlegte ich, daß jede zweite Generation unterdrückt wird und die Generation dazwischen nach oben und unten herrscht?
Dazu befragte ich Frauen aus meiner Generation über ihre Mütter und Großmütter. Auch Frauen aus der Generation meiner Mutter bezog ich mit sehr unterschiedlichen Resultaten in meine Interviews ein. Hier einige Ergebnisse:

Zum Beispiel: Meine Mutter

Sie sprach und spricht nur mit größter Hochachtung von ihrer Mutter. Aus ihren Erzählungen hört man heraus, daß in der Familie Zucht und Ordnung herrschte. »Wir hatten Strang vor unsa Mutta«, war ein geflügeltes Wort bei ihr. In ihrer Kindheit mag das wirklich so gewesen sein. Aber wie war es später, als sie aus dem Haus ging

und heiratete? Ließ sie sich da noch etwas von ihrer Mutter sagen?
Oder anders gefragt: Versuchte ihre Mutter da noch, ihr Vorschriften zu machen?
Meine Mutter ließ diese Fragen nicht an sich herankommen. Es war wie eine Wand zwischen uns. Sie schweifte unentwegt ab und erzählte immer wieder die alten Geschichten, die mir aus meinen Kindertagen längst bekannt waren. Es waren ausschließlich Anekdoten, bei denen sie gut wegkam. Unangenehme Erinnerungen blockte sie strikt ab. Sie war eine wahre Verdrängungskünstlerin.
Mit einer Frage lockte ich sie eines Tages dennoch aus der Reserve. »Wann hast du deiner Mutter eigentlich mitgeteilt, daß du heiraten willst?« fragte ich sie.
»Gar nicht«, antwortete meine Mutter. »Ich bin einfach mit deinem Vater bei ihr vorbeigefahren, nachdem wir uns verlobt hatten.«
»Was hat sie denn dazu gesagt?«
»Sie hatte nichts zu sagen«, war die verblüffende Antwort. »Ich war ja volljährig! Ich konnte doch machen, was ich wollte. Sie hatte mir nichts mehr zu sagen!«
Ich staunte. Und mir sagt sie unentwegt, was ich zu tun und lassen habe! dachte ich. Anscheinend hat sie nicht mitgekriegt, daß ich vor nahezu dreißig Jahren volljährig geworden bin!
Da ich mit meinen Fragen bei ihr nicht weiterkam, versuchte ich, in meiner eigenen Erinnerung zu kramen. Wie war das damals, als meine Großmutter im Krieg eine Weile bei uns gewohnt hat? Was hat mir meine Tante erzählt? Wie war Großmutter überhaupt? Immerhin war ich sechzehn Jahre alt, als sie starb, und noch kurz vor ihrem Tod bei ihr zu Besuch gewesen. Warum kam sie

eigentlich nie zu uns zu Besuch? Und warum besuchte meine Mutter nie ihr Grab?
Nachdem ich viele kleine Mosaiksteine gesammelt hatte, setzte ich sie zusammen und erhielt folgendes Bild: Meine Großmutter muß, ähnlich wie ich, gutmütig und sanft, zurückhaltend und fleißig gewesen sein.
Wenn meine Mutter uns erzählte, sie habe »Strang« vor ihr gehabt, war das eine Zweckbehauptung: Sie wollte damit erreichen, daß auch wir »Strang« vor ihr hatten.
Ich begriff allmählich, daß es in Wirklichkeit Großmutter gewesen sein mußte, die »Strang« vor der eigenen Tochter hatte. Wahrscheinlich noch nicht in der frühen Kindheit, aber spätestens ab dem Zeitpunkt, da meine Mutter selber Geld verdiente. Von da an ließ sie sich nichts mehr sagen, und meine Großmutter mußte sich dem Willen ihrer Tochter fügen.

Meine Großmutter hat, nachdem sie während des Zweiten Weltkriegs in Bochum ausgebombt worden war, bei uns im Haus gewohnt. Ich erinnere mich, daß sie, nachdem sie es gewagt hatte, sich in die Erziehung meines großen Bruders einzumischen, sofort ihr Bündel schnüren und eine Etage höher zu fremden Leuten ziehen mußte. Dort stopfte sie die Strümpfe für die ganze Familie. Ich weiß noch, wie ich immer wieder mit einem Arm voll Strümpfe zu ihr hochgeschickt wurde. Auch Pullover strickte sie für uns Kinder am laufenden Band.
Als wir 1945 evakuiert wurden, lag meine Mutter in einem kleinen Dorf im Westerwald im Wochenbett. Meine Oma stand ihr bei. Als alles glücklich überstanden war, schickte meine Mutter meine Großmutter zurück in das zerstörte Bochum und nahm sich zur

Unterstützung eine fremde Frau in den Haushalt, mit der wir zurück in die Eifel zogen.
Damals begriff ich Mutters Verhalten nicht. Heute glaube ich, daß sie es angenehmer fand, eine fremde Person herumzukommandieren als die eigene Mutter. Damit entging sie jeglicher Gefahr, selber einmal etwas vorgeschrieben zu bekommen.
Pullover durfte Großmutter weiterhin stricken, aber zu uns in die Eifel eingeladen wurde sie nie. Dafür schickte meine Mutter zwei von uns jeden Sommer gleich für mehrere Wochen zu ihr in die Ferien. Selber besuchte sie sie nur einmal, als Großmutter fünfundsiebzig wurde, und dann erst wieder, als man sie beerdigte. Das Grab hat meine Mutter nie besucht.

Zum Beispiel: Helenes Mutter

Als der Zweite Weltkrieg ausbrach, war Helene knapp zwei Jahre alt. Ihr Vater mußte sehr bald, ihr großer Bruder kurz vor Ende des Krieges einrücken. Neben einem Dienstmädchen stand Helenes Mutter die Großmutter zur Seite, die von früh bis spät arbeitete, doch zu sagen hatte sie nichts. Noch vor Kriegsende starb die Großmutter. Nun mußte Helene in ihrem zarten Alter einen Teil ihrer Arbeiten übernehmen. Erst als die Russen schon fast vor der Tür standen, entschloß sich die Mutter, mit ihrer inzwischen siebenjährigen Tochter bei Nacht und Nebel zu fliehen. Sie benahm sich auf der Flucht so unklug, daß das Kind freiwillig einen Teil ihrer Verantwortung übernahm: Helene trieb die Mutter zur Eile an, sagte ihr, was sie mitnehmen und dalassen sollte, schob die beleibte, unbewegliche Frau die Böschungen hinauf, veranlaßte sie, sich bei verdächtigen Geräuschen auf den

Boden zu werfen, und zerrte sie anschließend wieder auf die Beine.
Nachdem sie glücklich im Westen angekommen waren, wälzte die Mutter mehr und mehr Arbeit und Verantwortung auf Helene ab. Das besserte sich erst, als der Vater und der Bruder aus der Kriegsgefangenschaft heimkehrten.
Allerdings nur für kurze Zeit: Der Bruder erlag bald seinem Kriegsleiden, und der Vater folgte ihm einige Jahre später.
Mittlerweile war Helene achtzehn Jahre alt. Sie schlug sich mit Behördenkram herum und erkämpfte eine Wohnung für die Mutter und sich. Während die Mutter über Herzbeschwerden jammerte, versorgte Helene den Haushalt.
Als Helene einen jungen Mann kennenlernte, den sie heiraten wollte, redete ihr das ihre Mutter aus: Sie wollte die Tochter für sich behalten. Auch den zweiten Heiratskandidaten vergraulte sie ihr. Mit sechsundzwanzig setzte sich Helene endlich durch und heiratete. Aber die Mutter belastete die junge Ehe sehr: Sie war allgegenwärtig, mischte sich überall ein und machte Helene Vorschriften. Selbst dem Schwiegersohn redete sie ein schlechtes Gewissen ein, so daß die beiden Eheleute mit der Zeit auf jeden kleinen Wink hin zu ihr flitzten.
Trotz ihres angeblichen Herzleidens wurde Helenes Mutter zweiundachtzig. Nach einem Hirnschlag, den sie mit achtzig erlitt, wurde sie zum Pflegefall rund um die Uhr. Was Helene in diesen zwei Jahren mitgemacht hat, ist kaum zu beschreiben. Sie war Tag und Nacht für die Mutter da, gönnte sich keinen Tag Urlaub und war, als die Mutter schließlich starb, körperlich und nervlich am Ende. Ihre Mutter in ein Heim zu geben oder eine

fremde Person zur Pflege ins Haus zu holen, hätte sie niemals gewagt.
Erstaunt bekam Helene nach dem Tod der Mutter von dem Arzt zu hören, daß sich der Tod der Mutter wohl wegen ihres gesunden Herzens so lange hingezogen habe. Nun stieg in der Zweiundvierzigjährigen verständlicherweise eine gewisse Wut auf. Wie hatte ihre Mutter sie mit ihrem »kranken« Herzen auf Trab gehalten! Sie hatte die Gesundheit der Tochter rücksichtslos ruiniert.
Helene hatte große Schuldgefühle bei diesen Gedanken. Erst heute bringt sie es fertig, darüber ehrlich zu sprechen. Es hat zehn Jahre gedauert, bis sie vor sich und anderen zugeben konnte, daß ihre Mutter Fehler gemacht hat. Heute bringt sie endlich den Mut auf, sich einzugestehen, daß ihre Mutter kein Engel war und sie permanent überfordert hat.
Früher hat ihr ihr Gewissen diktiert, nach innen und außen zu heucheln. Diese Lügerei hat sie fast aufgefressen. Seitdem sie darüber reden kann und zu sich selbst aufrichtig ist, geht es ihr bedeutend besser.

Zum Beispiel: Margits Mutter

Margits Familie flüchtete während des Kriegs in den Westen, wo ihr Vater, der vom Kriegsdienst freigestellt worden war, eine sichere Anstellung und eine passende Wohnung für seine Familie fand. Die Großmutter und die Urgroßmutter bezogen eine kleine, separate Wohnung.
Da die Urgroßmutter über achtzig und herzleidend war, mußte sie von der neunundfünfzigjährigen Großmutter betreut werden. Margit erinnert sich, daß sie sich als Kind nicht gerne in der winzigen Wohnung aufhielt, weil

die Urgroßmutter sehr zänkisch war, an allem herummeckerte und sich von hinten und vorne bedienen ließ.
Oft mußte die Großmutter auch noch Margits Mutter helfen: die Kinder hüten, beim Frühjahrsputz mitanfassen, im Sommer einmachen und die Hausfrau pflegen, wenn diese ihr Herz spürte oder sonst leidend war.
Die Urgroßmutter starb mit über neunzig. Für die Großmutter wurde das Leben nun etwas leichter. Auch die Enkel waren nunmehr aus dem Alter heraus, in dem sie die Oma als Babysitter brauchten. Dafür wurde sie nun von der Tochter vereinnahmt. Da jene immer öfter über Herzbeschwerden klagte, erledigte die Großmutter die anfallende Hausarbeit. Doch irgendwann konnte sie nicht mehr. Sie war zwar noch in der Lage, für sich selber zu kochen und ihre Wohnung in Ordnung zu halten, aber Einmachen, Bügeln und Fensterputzen — das schaffte sie nicht mehr.
Nun wäre der Gerechtigkeit halber die Tochter an der Reihe gewesen, für die Mutter zu arbeiten, aber die dachte nicht daran. Ihre größte Sorge war, wer die Arbeiten übernehmen konnte, die die Großmutter liegenließ. Schließlich erkor sie ihre älteste Tochter Margit dazu aus. Margit steckte zwar mitten in der Berufsausbildung und hatte einen Achtstundentag, aber das störte die Mutter keineswegs: In den Abendstunden konnte schließlich auch noch eine Menge getan werden.
Hin und wieder schickte sie Margit zur Großmutter: »Schau mal nach, ob Oma zurechtkommt!«, »Putz mal ihre Fenster!« und: »Wasch ihr mal die Gardinen!«
Selbst als Margit einen eigenen Mann und einen Sohn zu versorgen hatte, ließ die Mutter sie immer wieder antanzen.
Als die Großmutter ihren kleinen Haushalt nicht mehr

schaffte, wurde sie von ihrer Tochter kurzerhand ins Altersheim gesteckt. Natürlich wurde Margit auch weiterhin zu ihr geschickt: »Kümmere dich ein bißchen um Oma! Sie ist so allein«, »Bring Oma bitte neue Wäsche!«, »Fahr Oma heute zum Friedhof!« und »Erledige doch bitte für Oma ...« Ihre Verpflichtungen der Mutter gegenüber glaubte Margits Mutter damit zu erfüllen, daß sie ihre Tochter zu ihr schickte.
Nach dem Tod der Großmutter erzählte sie jedem, wie gut es die alte Mutter im Heim gehabt habe, doch selber wollte sie nie in ein Heim. Begründung: »Ich habe ja eine Tochter, die sich um mich kümmern kann, wenn mein Mann stirbt!«
Im Klartext heißt das: Daß Margit sie pflegen wird, setzt die Mutter voraus. Für ihr eigenes Verhalten der Großmutter gegenüber hält sie die Entschuldigung parat: Ich konnte meine Mutter leider nicht pflegen – ich bin herzleidend!

Zum Beispiel: Josefas Mutter

Josefa ist die Älteste von sechs Geschwistern. Bereits bei ihrer Geburt legte die Mutter fest: Josefa wird ledig bleiben, mir im Haushalt helfen, für ihre Geschwister da sein und mich im Alter pflegen!
Genau die gleiche Rolle hatte schließlich auch die ältere Schwester der Mutter, Tante Lena, Zeit ihres Lebens gespielt. Tante Lena war die Älteste von zehn Kindern und hatte schon frühzeitig mitanpacken müssen. Sie hatte die neun Geschwister fast allein großgezogen und nie ans Heiraten gedacht. So blieb sie bis an ihr Lebensende (sie wurde weit über neunzig) die Person, bei der die Geschwister stets Trost und Hilfe fanden.

Josefa sollte also die gleiche Funktion erfüllen. Wieso die Mutter sie dennoch eines Tages aufs Gymnasium schickte, weiß sie noch heute nicht. Möglicherweise steckte der Vater dahinter, der seine Älteste nicht benachteiligt wissen wollte.
So kam Josefa mit der um ein Jahr jüngeren Schwester in die Großstadt, wo sie bei einem Onkel wohnten und nur übers Wochenende nach Hause geschickt wurden.
Noch heute wird Josefa wütend, wenn sie daran denkt, daß die Mutter, die ihren Entschluß inzwischen bereut haben mußte, die Tochter eines Tages ohne deren Wissen zwei Jahre vor dem Abitur von der Schule abmeldete. Nach einem der üblichen Wochenendbesuche fuhr Josefas Schwester allein in die Stadt, und Josefa mußte zu Hause bleiben. Sie hatte nun alle Arbeiten rund ums Haus zu erledigen. Die Mutter tat in dieser Zeit fast nichts, jammerte aber über das eine oder andere eingebildete Leiden, wenn sie es für pädagogisch angebracht hielt.
Inzwischen waren zwei weitere Geschwister in einer anderen Stadt bei ihrer Tante Lena untergebracht worden, wo sie ebenfalls ein Gymnasium besuchten. Die Mutter hätte ohne Josefa also nur noch die beiden Jüngsten im Haus gehabt, die aber auch schon zur Schule gingen und nicht mehr viel Arbeit machten.
Besonders schlimm waren für Josefa die Wochenenden. Da kamen die nur ein, zwei und vier Jahre jüngeren Schwestern nach Hause und ließen sich von ihr bedienen. Josefa mußte ihre Schuhe putzen, ihre Wäsche waschen und stopfen und für Montag wieder die Koffer packen. Josefa wehrte sich — mit Erfolg. Acht Wochen später durfte sie wieder zur Schule gehen.
Doch der Mutter-Tochter-Konflikt flackerte nach ein

paar Jahren wieder auf, als Josefa ihre Ausbildung zur Lehrerin bereits abgeschlossen hatte und einen jungen Mann kennenlernte. Ihre Mutter ging auf die Barrikaden – Josefas Freundschaft in die Brüche.
Nun glaubte sich die Mutter am Ziel: Endlich würde Josefa nur noch für sie dasein! Aber es kam anders. Josefa verliebte sich erneut, und diesmal hatten die Intrigen der Mutter keinen Erfolg. Sogar die Masche mit dem Herzleiden zog nicht mehr. Zu guter Letzt nahm die Mutter mißmutig an Josefas Hochzeitsfeier teil.
Da sie an den Tatsachen nichts ändern konnte, nutzte sie sie wenigstens für ihre Zwecke aus: Solange Josefas Vater noch lebte, fielen die Eltern Josefas junger Familie jährlich für ein paar Wochen in der engen Wohnung zur Last. Später kam Josefas Mutter allein, dafür aber gleich für mehrere Monate am Stück. Josefa hatte zwar inzwischen ein eigenes Haus und dadurch mehr Platz, aber ihr Mann und ihre Kinder fühlten sich durch die Anwesenheit von Josefas Mutter eingeengt. Sie spielte sich zur Hausherrin auf, kommandierte die ganze Familie herum und ließ sich von Josefa bedienen.
Sie schreckte nicht einmal davor zurück, eigene Gäste ins Haus der Tochter einzuladen und sie von Josefa bewirten zu lassen. Manchmal rief sie Josefa auch wegen ihrer angeblichen Herzkrankheit in ihre Wohnung und ließ sich tagelang von ihr pflegen. Josefas Mann und die Kinder konnten in der Zwischenzeit zusehen, wie sie sich versorgten. Josefa hätte ja nicht heiraten müssen ...

Diese vier Beispiele zeigen verblüffende Parallelen. In allen vier Fällen haben wir es mit einer herrschsüchtigen, arbeitsscheuen Mutter zu tun. Und in allen vier Fällen bügelt die Tochter diese Charakterschwächen fleißig

aus, indem sie sich unterdrücken und ausbeuten läßt. In drei der Beispiele hatte die Großmutter große Ähnlichkeit mit der Enkelin: beide waren arbeitsam, standen unter der Fuchtel der Tochter und ließen sich ausnutzen. In zwei Fällen erfahren wir sogar etwas über die Urgroßmutter, die – wie ihre Enkelin! – dominant und faul war.
Ich will nicht behaupten, daß das ein repräsentativer Querschnitt ist, eine gewisse Gesetzmäßigkeit glaube ich dennoch ablesen zu können: eine Generation herrscht, die nächste wird beherrscht.

Woher kommt das? Ich habe dazu zwei Hypothesen:

- Charaktereigenschaften werden generationsüberspringend vererbt.

- Irgendwann einmal, in grauen Vorzeiten, gab es eine beherrschende Urahnin, die ihre Tochter unterdrückte, bis sie schwach und fügsam war. Diese Schwäche erkannte deren Tochter und nutzte sie aus: Sie beherrschte die schwache Mutter, gewöhnte sich die Herrschsucht an und herrschte weiter über ihre Tochter. Diese wurde wieder schwach, ließ sich von der nächsten Generation beherrschen und so weiter ...

Natürlich gehören nicht alle unterdrückten Frauen unserer Generation an. Auch in der Generation vor uns gibt es noch genug davon. Aber auch bei diesen Frauen läßt sich dieses Muster oft nachvollziehen.

Zu Beginn dieses Kapitels habe ich davon gesprochen, daß ich Frauen aus der Generation meiner Mutter mit unterschiedlichen Resultaten befragt habe. Das möchte ich kurz erläutern: Die dominanten Frauen gaben keine Auskunft über ihre Lebensgewohnheiten (wie meine Mutter). Sie beschönigten höchstens ihr Verhältnis zu ihrer Mutter aus pädagogischen Gründen.

Die Frauen dagegen, die bereitwillig über ihr Leben berichteten, entpuppten sich schnell als unterdrückte Personen: Sie haben in ihrer Kindheit hart gearbeitet und sich für ihre Ehe und für die alten Eltern abgerackert. Noch heute werden sie von ihren Töchtern eingespannt. Zu sagen hatten sie nie etwas.

Auffallend ist, daß diese Frauen überwiegend auch dominante Ehemänner haben. Der Druck kommt von oben, von unten und von der Seite!

Meine Mutter hatte im Gegensatz zu mir eine Seele von einem Mann. Er ließ sie schalten und walten, war stets um sie besorgt und half ihr, wo er nur konnte. Er hat ihr auf jede Weise versucht, das Leben leicht zu machen.

Angesichts dieser Erkenntnisse drängen sich folgende Fragen auf: Stimmt es, daß sich dominante Männer eine schwache Frau aussuchen, um sie beherrschen zu können? Oder sind die unterdrückten Frauen so an die Ausbeutung gewöhnt, daß sie sich einen beherrschenden Mann suchen?

Die gleichen Fragen stellen sich umgekehrt auch zu dominanten Frauen und schwachen Männern. Oder ist es einfach so, daß sich die berühmten Gegensätze anziehen? Treffen bei den Ehen, die scheitern, vielleicht zwei dominante Partner aufeinander? Sind die idealen Ehen solche, bei denen zwei Partner zueinander finden, die an die Unterdrückung ihrer Mütter gewohnt sind? Wird da die Gleichberechtigung, die in meinen Augen das Ideal einer Ehe darstellt, praktiziert?

Noch etwas fiel mir auf: Diejenigen Töchter, die in meinem Alter sind und sich unterdrückt fühlen, sind alle entweder die älteste oder die einzige Tochter in der Familie. Wenn ich etwa meine zahlreiche Verwandtschaft und meinen Bekanntenkreis durchgehe, erhärtet sich mein Verdacht, daß den Jüngsten ihre Rolle als Hätschelkind anerzogen wird, damit sie sie ein Leben lang spielen, und die Ältesten werden in Pflichten gedrängt, die sie nie wieder loswerden.

Veränderte Familienstrukturen

Ich vermute, daß diese Erscheinungen Überreste aus der Zeit der Großfamilie sind, als es noch üblich war, daß drei bis vier Generationen unter einem Dach lebten. Die Nachkommen waren damals so zahlreich, daß nicht jeder einen eigenen Haushalt gründen konnte, denn die Äcker und das Vermögen hätten dazu nicht ausgereicht. Deshalb erzog man einen Teil der Kinder so, daß sie später Priester wurden oder ins Kloster gingen. Einen anderen Teil drängte man in die Rolle der ledigen Tante bzw. des ledigen Onkels. Sie hielten als billige Arbeitskraft am Hof her. Nur die restlichen zwei oder drei Kinder durften heiraten. Jeder fügte sich den wirtschaftlichen Notwendigkeiten.
Damals klappte vermutlich auch die Herrschaftsübergabe von einer Generation zur nächsten reibungsloser. In der Mehrzahl der Fälle heiratete eine junge Frau in einen Hof ein. Da sie sehr selten eine schulische oder berufliche Ausbildung mit auf den Weg bekommen hatte, war sie darauf angewiesen, die Regeln und Weisheiten des Lebens von der Schwiegermutter zu lernen. Die Schwiegermutter wiederum hatte selber viel von ihrer Schwiegermutter beigebracht bekommen und war froh, ihre Erfahrungen weitergeben und ihre Pflichten loswerden zu können. Nun übernahm die neue Schwiegertochter die Dienste, in die die Frau des Hauses auf ähnlichem Weg einst eingewiesen worden war.

Mit der leiblichen Mutter hatte eine junge Frau von diesem Zeitpunkt an nicht mehr viel zu tun. Die hatte selber eine Schwiegertochter im Haus, die sie anleitete. Die eine oder andere ledige Tochter, die noch im Haus geblieben war, hatte zwar auch nicht viel zu sagen, genoß aber ein wesentlich besseres Ansehen als die eingeheiratete Schwiegertochter.

Kam dann eine Schwiegertochter der zweiten Generation ins Haus, wurde die Großmutter des Hauses mitsamt ihren unverheirateten Töchtern auf das Altenteil gesetzt, und die frischgebackene Schwiegermutter übernahm das Zepter.

Die ledigen, meist ältesten Töchter blieben ihrer alten Mutter treu ergeben. Sie leisteten ihr moralische Unterstützung, indem sie mit ihr über die Schwiegertochter schimpften, und pflegten sie, wenn sie gebrechlich wurde. Da die Lebenserwartung damals wesentlich niedriger war als heute, zog sich das ohnehin nicht ewig hin.

Die ledigen Tanten hatten noch eine weitere wichtige Funktion: Sie galten als Reserve-Mütter, wenn z. B. eine Frau im Kindbett starb, was im vorigen Jahrhundert noch häufig vorkam. Meist übernahm dann eine Schwester des Vaters die Rolle der verstorbenen Mutter. Oder der Vater heiratete eine Schwester seiner Frau und gab seinen Kindern auf diese Weise eine neue Mutter.

Daß noch heute viele Mütter ihrer ältesten Tochter kein eigenes Leben zugestehen, ist vielleicht noch ein Relikt aus jener Zeit. Jede Erstgeborene hatte damals nur eine dienende Funktion zum Wohle des Kleinstaates Familie inne — mit einer Arbeitsbiene im Bienenstaat vergleichbar! Auch moderne Mütter versuchen immer wieder, ihrem Kind diese Rolle auf Lebenszeit aufzudrängen. Unter meinen ehemaligen Mitschülerinnen gibt es meh-

rere, deren Müttern das gelang: Sie setzten durch, daß die älteste bzw. einzige Tochter unverheiratet zu Hause blieb. Sie durfte gerade noch einen Beruf erlernen, damit sie sich ernähren konnte. Das war's dann aber auch schon mit der Selbstverwirklichung!
Andere Mütter wurden um diese Erwartungen »betrogen«, beispielsweise die Mutter von Helene, Margit oder Josefa oder auch meine eigene Mutter. Diese Tatsache halten sie ihren Töchtern ewig vor und machen ihnen damit das Leben schwer. So ist meine Mutter seit meiner Heirat zu meinem Mann sehr unfreundlich, obwohl er ihr nie etwas getan hat – bis auf den Umstand, daß er ihr ihre Tochter weggenommen hat. Dieses vermeintliche Unrecht ließ sie ihn selbst Monate nach unserer Silberhochzeit noch spüren. So gab es oft dicke Luft, wenn meine Mutter bei uns zu Besuch war.
Ich fühlte mich in diesen Situationen immer zwischen meinem Mann und meiner Mutter hin- und hergerissen. Beide bombardierten mich mit ihren Ansprüchen. Wendete ich mich meiner Mutter zu, litt mein Mann. Beschäftigte ich mich mehr mit meinem Mann, fühlte sich meine Mutter vernachlässigt und streikte auf ihre Art. Mein Mann wurde in solchen Fällen wehleidig und bekam schlechte Laune. Meine Mutter kommandierte mich herum und erpreßte mich mit ihrem angeblich schlechten Gesundheitszustand. Beide machten mir etwas vor, um meine Fürsorge, Trost und Zuwendung zu bekommen.
Das war für mich oft sehr anstrengend. Ich erinnere mich an ein Erlebnis: Meine Mutter war gerade wieder einmal bei uns zu Besuch. An ihrem Ankunftstag gelang es mir, die gedrückte Stimmung meines Mannes durch die Einladung der Nachbarn und ein gutes Frühstück am näch-

sten Morgen zu heben. Frohen Mutes ging er danach zur Arbeit.
Als ich daraufhin ins Zimmer meiner Mutter trat, empfing sie mich mit zittriger Stimme: »Mir ist heute ganz elend, Kind! Ich muß ganz schnell frühstücken.« Ich richtete ihr liebevoll das Frühstück her. »Mach mir erst einen Kamillentee!« bat mich meine Mutter, als sie den gedeckten Tisch sah. Ich kochte Wasser auf, obwohl ich wußte, daß sie Kamillentee verabscheut. »Bring mir meine Schmerztabletten, Kind!« erscholl es, kaum daß der Tee auf dem Tisch stand. Und so ging es weiter.
Endlich war meine Mutter zufriedengestellt. Ich ging nach oben in mein Zimmer und setzte mich, zu erschöpft, um wirklich wütend zu sein, an den Schreibtisch. Ich vertraute einige meiner Gedanken meinem Tagebuch an und hob danach meinen Blick erleichtert aus dem Fenster.
Ich traute meinen Augen nicht: Meine Mutter lief putzmunter vor dem Haus herum, ging zum Pferch der Nachbarn und rückte die Gatterstangen zurecht, damit die Kühe nicht ausbrechen konnten. Ich vermag diese Stangen kaum mit zwei Händen zu heben. Meine Mutter schaffte es spielend mit einer Hand, während sie sich mit der anderen auf ihren Stock stützte.
Sie ist überhaupt nicht krank oder launisch gewesen! schoß es mir durch den Kopf. Da steckt mehr dahinter!

Das gestörte
Mutter-Tochter-Verhältnis

Durch diese Geschichte wurde mir schlagartig klar, was unsere Mutter-Tochter-Beziehung eigentlich so belastete: Ich war seit meiner Heirat der Meinung, meine Mutter habe etwas an meinem Ehemann auszusetzen. Ich hoffte, sie werde im Laufe der Zeit seine Qualitäten kennenlernen und ihn dann irgendwann akzeptieren.
Für meine Mutter hingegen stellte sich die Sache anders dar: Mein Mann war an sich gar nicht das Problem. In ihren Augen war meine Heirat als solche ein Fehler gewesen, weil ich damit ihre Pläne über den Haufen geworfen hatte. Sie wollte, daß ich nur für sie da war.
Während ich der irrigen Hoffnung anhing, meine Mutter werde meinen Mann eines Tages schätzen lernen, bestand das Bestreben meiner Mutter darin, meinen vermeintlichen Fehler zu korrigieren, indem sie versuchte, unsere Ehe auseinanderzubringen.
Nicht nur meine Mutter, auch Mütter wie die von Josefa, Margit oder Helene wollen einfach nicht verstehen, daß sich in den letzten fünfzig Jahren eine Menge innerhalb der Familienstrukturen geändert hat.
Die Töchter leiden unter dem Unverständnis ihrer Mütter. Doch warum haben wir Töchter nie den Versuch gemacht, etwas daran zu ändern und der Mutter unseren Standpunkt klarzumachen? Gemeinsam mit anderen Frauen formulierte ich weitere Fragen.

Wieso – so fragen wir uns – bin ich meiner Mutter gegenüber so ängstlich? Warum schlucke ich alles, statt ihr einmal meine Meinung zu sagen? Warum traue ich mich nicht, ihr zu sagen, was ich für richtig halte? Weshalb halte ich ihr nicht einmal einen Spiegel vor und zeige ihr alle ihre Fehler? Und: Warum lasse ich immer noch zu, daß sie über mich wie über ein kleines Mädchen bestimmt?

Die Antworten, die ich im Gespräch mit den anderen Frauen auf diese Fragen fand, ähneln sich so sehr, daß es genügen wird, wenn ich im folgenden meine eigene Situation etwas ausführlicher schildere. Vorweg sei gesagt, daß es für unser duckmäuserisches Verhalten drei Gründe gibt: Den ersten nenne ich »das Herzleiden«, den zweiten den »Heiligenschein« und den dritten den »Kriegsbonus«.

Das Herzleiden

Soweit ich zurückdenken kann, setzte uns meine Mutter mit ihrer Masche vom Sterben unter Druck. Spurte eins von uns Kindern einmal nicht so, wie sie das wünschte, hatte meine Mutter plötzlich »Herzstiche«, »einen ganz niedrigen Puls« oder gar einen leichten »Herzanfall« und drohte zu sterben und uns als hilflose Waisen zurückzulassen.

Uns Kindern war klar, was das bedeutete. Meine Mutter hatte vor ihrer Heirat in einem Waisenhaus gearbeitet und uns oft anschaulich berichtet, welch trauriges Los ein Kind dort erwarte.

Die Vortäuschung einer lebensbedrohlichen Krankheit machte es uns unmöglich, ihr zu widersprechen oder die Stirn zu bieten. Aus unserem Bekanntenkreis und sogar

aus unserer Verwandtschaft wußten wir von einigen Fällen, in denen eine noch relativ junge Frau einem Herzleiden erlegen war. Die Angst, unsere Mutter zu verlieren, war für uns Kinder sehr konkret. Ich hätte es niemals gewagt, das Risiko einzugehen, meine Geschwister und mich zu Waisen zu machen.
Auch als ich schon erwachsen war, schwieg ich, schluckte alles hinunter und gab klein bei: Ich wollte mir später keine Vorwürfe machen müssen, am Tod meiner Mutter schuld zu sein.
Vermutlich dachte jeder in unserer Familie – einschließlich meines Vaters – so. Das bewirkte, daß meine Mutter immer beherrschender wurde, sich in ihrem Verhalten bestärkt fühlte und sich im Recht glaubte, alles sagen und jeden Wunsch wie einen Befehl äußern zu dürfen.

Der Heiligenschein

Gleichzeitig gelang es meiner Mutter, sich vor uns einen Heiligenschein aufzusetzen. Tatsächlich habe ich sie von klein auf für eine Heilige gehalten! Ich hielt sie für unfehlbar. Alles, was sie sagte oder tat, war für mich richtig und unantastbar.
Es gelang ihr hervorragend, uns glauben zu machen, sie sei unerhört fleißig und arbeite entschieden mehr als ein Mensch arbeiten müsse. Mich stempelte sie als »faules Ding« ab. Diese Überzeugung wurde ich bis zu meinem fünfundvierzigsten Lebensjahr nicht los. Erst dann gingen mir allmählich die Augen auf, der Heiligenschein meiner Mutter verblaßte, und das Bild, das ich von ihr hatte, bekam Risse. Ich erkannte, daß meine Mutter auch nur eine Sterbliche ist, noch dazu keine besonders außergewöhnliche.

Heute würde ich sagen, daß sie eine vollkommen durchschnittliche Mutter war.
Diese Entdeckung hat mich veranlaßt, unsere Lebensläufe, angefangen bei unserer jeweiligen Heirat, miteinander zu vergleichen:

Für meine Mutter war klar, daß sie mit ihrer Heirat ihre Berufstätigkeit aufgab. Drei Jahre lang sorgte sie nur für sich und ihren Mann. Schon zu dieser Zeit gab sie ihre Wäsche, wie sie mir oft voller Stolz erzählt hat, außer Haus und bekam sie gewaschen, gebügelt und geflickt zurück.
Endlich kam das ersehnte Wunschkind, ein Junge! Nach weiteren drei Jahren, mein Bruder besuchte bereits den Kindergarten, meldete sich das zweite Kind an — das war ich. Nun kamen eine Putzfrau und eine Waschfrau ins Haus. Für die Näh- und Flickarbeiten kam jede Woche zusätzlich eine taubstumme Weißnäherin zu uns.
Es vergingen wieder drei Jahre, bis das dritte Baby zur Welt kam. Mein Bruder ging nun bereits zur Schule und ich in den Kindergarten. Tagsüber hatte meine Mutter nur ein Kind zu versorgen. Das Dienstpersonal blieb.
Kaum hatte die Kleine ihren ersten Geburtstag gefeiert, lag das vierte Kind in der Wiege. Noch vor dessen Geburt war ein weiteres Dienstmädchen engagiert worden, das den ganzen Tag über im Haus blieb. Die anderen Bediensteten kamen nach wie vor.
Als ich fünfeinhalb war, bekam meine Mutter ihr fünftes Kind. Natürlich kosten fünf Kinder eine Menge Nerven, zumal wir in dieser Zeit evakuiert wurden und es ständig Bombenalarm gab. Daher nahm meine Mutter, als wir in unseren Heimatort zurückkehrten, ein etwa zwanzigjähriges Dienstmädchen von dort mit. Wenige Wochen nach unserer Rückkehr bekam das Mädchen allerdings sol-

ches Heimweh, daß ihre etwas ältere Cousine nachkommen mußte, die die Näh- und Flickarbeiten im Haus übernahm.
Aber die beiden Hilfen bewährten sich nicht und wurden wieder in ihre Heimat entlassen. Als Ersatz sollte ich einspringen. Ich war damals sechs Jahre alt und mußte von nun ab, statt selber draußen zu spielen, ständig auf meine drei kleineren Geschwister aufpassen. Alles, was sie anstellten, wurde mir angelastet.
Darüber hinaus holte ich sommers wie winters Milch bei einem zwei Kilometer entfernten Bauernhof. Manchmal sank ich dabei im Winter bis zu den Hüften im Schnee ein. Außerdem sammelte ich Kaninchenfutter, jätete im Sommer Unkraut und strickte unentwegt Unterhosen für alle Geschwister. Acht Stück schaffte ich in den Ferien. Dabei nahm ich mir vor, daß ich, wenn ich jemals eine Tochter haben sollte, von ihr nie verlangen würde, daß sie auf ihre kleinen Geschwister aufpaßt!
Diesen Vorsatz habe ich eingehalten. Dennoch erfüllte es mich damals mit Stolz, daß mich unser Nesthäkchen »Mama« nannte. Ich weiß noch, daß ich, als ich in die Realschule kam, für unseren Acht-Personen-Haushalt einkaufen gehen mußte. Außerdem hatte ich das Geschirr zu spülen, die Gartenarbeit zu erledigen, staubzuwischen und die Hausaufgaben meiner Geschwister zu überwachen.
Kurz nach meinem sechzehnten Geburtstag starb meine Großmutter mütterlicherseits. Da meine Mutter zu ihrer Beerdigung fuhr, besorgte ich während ihrer Abwesenheit den Haushalt und bekam dafür schulfrei.
Eingedenk ihres ständigen Jammerns, wieviel Arbeit das Kochen mache, begann ich damit, sobald mein Vater und meine Geschwister das Haus verlassen hatten. Zu meiner Verwunderung war das Essen schon um neun

Uhr fertig. Die anderen würden aber erst kurz nach ein Uhr mittags nach Hause kommen. Ich ließ das Essen wieder kalt werden, machte die Betten, wischte in allen Zimmern Staub, goß die Zimmerpflanzen, reinigte das Waschbecken und hatte noch Stunden Zeit, bis die hungrige Meute nach Hause kam.
Am Nachmittag erledigte ich meine Pflichten wie üblich: spülen, Küche putzen, einkaufen. Das einzige, was mir danach noch an Arbeit einfiel, war, Strümpfe zu stopfen. Am nächsten Tag begann ich mit dem Kochen wesentlich später, trotzdem stand das Essen pünktlich auf dem Tisch. Insgeheim fragte ich mich damals, was meine Mutter eigentlich den ganzen Tag über tat. Es blieb mir ein Rätsel. Doch als meine Mutter zurückkehrte und im Haushalt wieder alles normal lief, vergaß ich diesen ketzerischen Gedanken.
Als ich aufs Abitur zuging, zogen wir in die Stadt. Meine Mutter wollte aus verschiedenen Gründen keine neue Haushaltshilfe einstellen und bot uns drei Mädchen für das Putzen den gleichen Lohn an, den eine Zugehfrau bekommen hätte. Wir griffen erfreut zu, um unser Taschengeld aufzubessern.
Sogar meine Kleider habe ich seit dem sechzehnten Lebensjahr alle selbst genäht, ab dem achtzehnten auch die für meine Mutter. Mit einundzwanzig verließ ich die elterliche Wohnung, nachdem ich mein Staatsexamen bestanden hatte.
Meiner Mutter nähte ich bei jedem meiner seltenen Besuche im Elternhaus noch jahrelang weiter ihre Garderobe.

Meine erste Stelle als Lehrerin trat ich in einem mittelgroßen Dorf im Hunsrück an. Leider verbrachte ich dort nur ein einziges Jahr, in dem es mir aber wunderbar ging.

Ich arbeitete sehr gerne in der dortigen Schule, meine kleine Wohnung war leicht in Ordnung zu halten, und ich brauchte nur für mich zu kochen!
Doch wenn ich gedacht hatte, daß ich nun keine Kinder mehr zu hüten brauchte, hatte ich mich getäuscht! Kaum waren die Ferien ausgebrochen, kam mein kleiner Bruder, mittlerweile zwölf Jahre alt, zu mir zu Besuch. Ein Wunder, daß ich wenigstens die übrigen zwei Ferienwochen für mich hatte! Ich nutzte meinen Urlaub für eine Fahrt nach Italien – die erste Ferienreise meines Lebens, wenn man mal von Verwandtenbesuchen absieht.
Ein Jahr später teilte ich meinen Eltern meine Heiratsabsicht mit. Das erste, was meine Mutter dazu sagte, war: »Eure Blagen braucht ihr mir aber nicht zu schikken!«
»Blagen« war ihr üblicher Ausdruck für Kinder. Ich kam erst sehr viel später dahinter, daß es sich bei diesem Ausdruck um nichts anderes als um das nach westfälischer Mundart leicht abgewandelte Wort »Plagen« handelt.
Ich war zu verdutzt, um meine Mutter daraufhin zu fragen: Und wer hat sich jahrelang um deine Blagen gekümmert? Ich wagte nicht einmal zu erwähnen, daß ich ihren Jüngsten noch ein Jahr zuvor zwei Wochen lang in meiner Wohnung betreut hatte.
Nach meiner Heirat blieb ich voll berufstätig und bereitete mich gerade auf das zweite Staatsexamen vor, als sich ein Baby anmeldete. Einige Wochen vor der Entbindung bekam ich Mutterschaftsurlaub und nutzte die Zeit für meine Examensarbeit. Im zweiten Ehejahr arbeitete ich weiterhin als Lehrerin, hatte ein Baby zu versorgen, stellte meine Examensarbeit fertig und bereitete mich aufs zweite Staatsexamen vor. Glücklicherweise war

unsere damalige Wohnung sehr klein, so daß ich den Haushalt ohne eine Hilfskraft schaffte.
Im dritten Ehejahr legte ich endlich mein Examen ab und konnte wieder etwas aufatmen. Am Tag der Prüfung fühlte ich mich sehr schlecht – ein zweites Kind war unterwegs!
Zu Beginn meines fünften Ehejahres bezogen wir endlich ein eigenes Haus. Das war auch bitter nötig, denn unsere vierundzwanzig-Quadratmeter-Wohnung platzte mit vier Personen fast aus den Nähten.
Andererseits bedeutete der Umzug für mich erheblich mehr Arbeit: Außer der Schule, zwei Kindern und meinem Ehemann mußte ich nun 120 Quadratmeter Wohnbereich, 80 Quadratmeter Keller, einen Speicher und 1200 Quadratmeter Garten versorgen. Draußen legte ich einen Nutzgarten an, den ich Jahr für Jahr vergrößerte, da die wachsende Familie immer mehr benötigte.
Als die Kinder dem Babyalter und ihren geschenkten Strampelhöschen entwachsen waren, begann ich, ihnen Kinderkleider, lange Hosen, Mäntel und Umhänge zu nähen, zu häkeln und zu stricken.
Natürlich fertigte ich in all den Jahren auch meine eigene Kleidung selber an. Unsere Bettwäsche, die Gardinen, Fleckerlteppiche und Sofakissen nähte ich ebenfalls selbst. Daß ich bei meinen Kindern Nachhilfelehrerin spielte und sie ins Ballett, zum Judo, zur Gymnastik und zu den diversen Schulveranstaltungen chauffierte, war nicht der Rede wert. Auch daß man heutzutage keiner Waschfrau mehr bedarf, da es Waschmaschinen gibt, ist klar. Eine Putzfrau habe ich in meinen siebenundzwanzig Ehejahren ebensowenig gesehen.
Nachdem ich mir all dieses durch den Kopf hatte gehen lassen, keimte in mir der Verdacht auf, daß ich gar kein

»faules Ding« bin. Seit ich zu dieser revolutionären Einsicht gekommen bin, habe ich mehr Achtung vor mir, wesentlich mehr Selbstwertgefühl und kein ganz so schlechtes Gewissen mehr.

Der Kriegsbonus

Mit dem »Kriegsbonus« meine ich, daß wir unseren Müttern viel nachsehen, weil sie uns durch den Krieg gebracht haben. Wir Frauen um die fünfzig sind kurz vor oder nach Ausbruch des Zweiten Weltkriegs geboren und damit Töchter von Müttern, die ihren Mann stehen mußten.
Unsere Mütter standen im Krieg völlig allein da, ohne einen Mann als Ernährer oder Beschützer an ihrer Seite zu haben – und ohne Liebe. Sie kämpften ums nackte Überleben, für sich und ihre Kinder. Sie waren gezwungen, alle Entscheidungen allein zu treffen und die volle Verantwortung dafür zu übernehmen.
Anfangs bewältigten das die meisten dieser Frauen sehr gut. Aber der Krieg zog sich hin, zehrte an ihren Kräften und an ihren Nerven und zerstörte ihre Pläne und Träume. Nur die Hoffnung auf ein baldiges Kriegsende ließ sie durchhalten. Als es endlich soweit war, wurden sie oft bitter enttäuscht: Viele Ehemänner kamen überhaupt nicht wieder, andere blieben noch jahrelang in Kriegsgefangenschaft, und manche kehrten sehr verändert zurück – verkrüppelt an Leib und Seele.
Für die Frauen hieß es weiter: stark sein und für die Familie kämpfen! Der Kampf, für den sie sich einsetzten, die Verantwortung, die sie trugen, der Mangel an Liebe und Geborgenheit, an dem sie litten – all das machte sie hart. Und Härte war im Überlebenskampf

der Nachkriegszeit notwendig. Nur so ließen sich die eigenen Rechte verteidigen und berechtigte Forderungen durchsetzen.
Leider bedienten sich die Frauen jener Generation dieser Härte aber auch im Umgang mit uns Töchtern. Ihre Erziehungsmethoden waren nicht Liebe und Geborgenheit, Lob und Belohnung, sondern Schelte und Strafe.
Alleingelassen, wie sich die Mütter damals in dem zermürbenden Überlebenskampf fühlten, bedienten sie sich ihrer Töchter als Stütze. Unsere Mütter wurden als junge Frauen um ihre schönsten Jahre betrogen, und vielleicht nahmen sie ihren Töchtern gerade aus diesem Grund unbewußt deren Kindheit weg, indem sie einen Teil der Verantwortung auf deren kleine Schultern abwälzten.

Eine bezeichnende Episode aus meiner Kindheit veranschaulicht diesen Gedankengang: Im Spätsommer 1945, als ich gerade sechs Jahre alt war, nahm mich meine Mutter eines Tages mit in den Wald zum Reisigsammeln. Eifrig lief ich herum und trug Stöckchen um Stöckchen zu einem kleinen Bündel zusammen.
Meine Mutter sammelte ebenfalls emsig und legte Reisig auf Reisig. Schließlich nahm sie mein Bündelchen, legte es auf ihren großen Haufen, band alles zusammen und sagte: »So, das ist dein Bündel!«
Mir verschlug es die Sprache. Entsetzt dachte ich: ›Das schaffe ich nie! Diesen Berg Reisig kann ich nicht einmal anheben, geschweige denn tragen. Wie kann mir Mutter nur so ein schweres Bündel zumuten?‹
Als ich anschließend beobachtete, was sie für ein riesiges Bündel für sich selber zusammentrug, schämte ich mich meiner Gedanken. Sie lud mir meine Bürde auf und nahm die ihre. Wie wir den Heimweg geschafft haben,

weiß ich nicht mehr. Ich erinnere mich nur noch, daß ich das Gefühl hatte zusammenzubrechen, als sie mir mein Bündel auf den Rücken packte, daß ich mich aber angesichts ihrer eigenen riesigen Last nicht traute, etwas dagegen zu sagen.

Wenn wir Töchter der Kriegsgeneration es auch nie gewagt haben, unseren Müttern zu widersprechen, so haben wir doch viel aus ihren Fehlern gelernt. Wir haben uns zum Beispiel vorgenommen, zu unseren Kindern toleranter, liebevoller und zärtlicher zu sein.
Gerade Zärtlichkeit habe ich bei meiner Mutter immer sehr vermißt. Sie hat mich niemals in den Arm genommen, mich geküßt oder gestreichelt. Noch heute verzieht sie ihr Gesicht, als ob ich eine Spinne wäre, wenn ich ihr einen Kuß auf die Wange gebe. Gott sei Dank verhielt sich mein Vater anders. Er war warm, gütig und lieb zu uns, und gab uns die Zuwendung, die Kinder brauchen und im allgemeinen von ihrer Mutter bekommen. Während er jedoch an der Front und in Kriegsgefangenschaft war, mußten wir darauf verzichten.
Wenn meine Mutter Liebe ausdrücken wollte, tat sie das und tut es noch heute meist in Form von Geld oder Geschenken, getreu dem Bibelwort: »Macht euch Freunde mit dem ungerechten Mammon!« Sie hatte aber auch weiche Seiten. So gestand sie uns Kindern kleine Marotten in puncto Eßgewohnheiten zu. Sie hob zum Beispiel freitags, wenn es für alle Rührei gab, ein Ei für mich auf, damit ich mir davon ein Omelette zubereiten konnte. Auch mein mittlerer Bruder, der liebend gern roh gebratene Bratkartoffeln aß, durfte sich hin und wieder sein Lieblingsessen machen. Dennoch empfanden wir alle ein großes Gefühlsdefizit.

Meine Mutter schimpfte und strafte uns, wenn wir mit einem seelischen oder körperlichen Schmerz zu ihr kamen. Als mein großer Bruder im Alter von sechs Jahren einen verhängnisvollen Verkehrsunfall hatte und schwerverletzt im Rinnstein lag, war sein erster Gedanke, den herbeigeeilten Passanten einzuschärfen: »Bringen Sie mich nicht nach Hause! Meine Mutter verhaut mich sonst mit dem Kochlöffel!«
Da meine Mutter auch heute noch auf sämtliche Kümmernisse sehr herzlos reagiert, versuche ich, meine Probleme vor ihr, so gut es geht, geheimzuhalten.
Als mein Mann und ich jedoch vor Jahren die schreckliche Nachricht erhielten, daß unsere Tochter an Leukämie erkrankt sei, teilte ich es meiner Mutter am Telefon mit. Ihre Reaktion war: »Na, dann hat dein Mann ja auch mal eins auf den Deckel gekriegt!«
Ich nehme an, es ist verständlich, daß ich Wochen später ihren Wunsch, das Kind im Krankenhaus zu besuchen, ablehnte.

Das gesprengte Korsett

Mein ganzes Leben, insbesondere aber meine Kindheit, wurde, wie geschildert, von den angeblichen Herzbeschwerden meiner Mutter überschattet. Erst als sie munter auf die Achtzig zuging, regten sich in mir die ersten Zweifel über die Echtheit ihres Leidens.
Zur gleichen Zeit fing ich an, tiefergreifende Gespräche mit gleichaltrigen Frauen zu führen, und erfuhr dabei einiges über das »Herzleiden« meiner Mutter. Doch davon später.
Gemeinsam mit diesen Frauen fragte ich mich: Warum ziehen unsere Mütter so eine Schau ab? Schämen sie sich deswegen gar nicht? Haben sie dabei kein schlechtes Gewissen?
Oder glauben sie am Ende gar wirklich an ihre eingebildete Krankheit?
Gewiß, einige unserer Mütter hatten bestimmt ein real existierendes, auch ernstliches Leiden. Ein weiterer Teil der Mütter hielt sich aufgrund gelegentlich auftretender Herzschmerzen und -stiche, die wohl jede von uns kennt, allen Ernstes für krank.
Die meisten der Mütter aber waren Trittbrettfahrerinnen: Man nahm ihnen die Rolle der Herzkranken ohne lästige Nachfragen ab. Schließlich gab es doch so erschütternde Beispiele in der Bekanntschaft ... Doch wozu dieses Spiel? Meine Nachforschungen deckten im wesentlichen drei Motive auf:

Bildete das vorgetäuschte Herzleiden für einige Frauen einen Schutz vor ungewollten Schwangerschaften, so setzte es eine zweite Gruppe als gut funktionierende Erziehungsmethode ein. Für eine dritte Gruppe bedeutete das angebliche Herzleiden eine Art von Selbstverwirklichung.
Bei den meisten war es sicherlich eine Kombination mehrerer Motive.

Meine Tante Leni ist früh an ihrem Herzleiden gestorben. Dennoch sind meine Cousinen — ihre Töchter — heute der Ansicht, daß ihrer Mutter rein organisch nichts gefehlt hat. Sie glauben, daß sich ihre Mutter nach dem sechsten Kind deswegen nicht mehr vom Krankenlager erhoben hat, weil sie sich weiteren Schwangerschaften entziehen wollte. Außerdem konnte sie so endlich ihren Neigungen nachgehen: Lesen, Stricken und Malen. Der Haushalt und die Kinder wurden inzwischen von ihrer Mutter und einem Dienstmädchen versorgt. Daß ein Organismus, der zwölf Jahre lang nicht trainiert wird, schlaff und funktionsuntüchtig wird, liegt auf der Hand. Meine Tante starb letztlich an einer Bettlungenentzündung.
Anfangs war ich entsetzt, doch irgendwie kann ich unsere Mütter verstehen: Was hatten sie davon, jedes Jahr schwanger zu werden? Nichts als körperliche Belastungen und finanzielle Probleme! Eine wirkungsvolle Empfängnisverhütung kannte man noch nicht.
Daher griffen die Frauen auf den naheliegendsten Trick zurück.
Ich kann ihnen auch nicht verdenken, daß sie ihr vermeintlich schwaches Herz als Druckmittel in der Erziehung einsetzten. Sie hatten bald spitz, daß sich selbst

eine große Kinderschar auf diese Weise leicht in Schach halten läßt.
Und auch die Selbstverwirklichung winkte als verlokkende Prämie für die Komödie: Als unsere Mütter erkannten, daß die Arbeit kein Ende nahm und sie ihre Jugendträume im Waschfaß oder am Küchenherd begraben mußten, witterten sie im Herzleiden ihre letzte Chance.
Nun mußten sie nicht mehr so viel arbeiten und hatten mehr Zeit für sich. Außerdem rückten sie in den Mittelpunkt, wurden beachtet, hofiert und verwöhnt.
Auf diese Weise haben es unsere Mütter tatsächlich geschafft, mehr Zeit für sich zu haben als wir heute. Dennoch haben sie im allgemeinen weniger als wir für sich getan. Sie haben die Zeit nicht genutzt, sondern immer nur darauf gewartet, daß andere etwas für sie taten. Das hat viele von ihnen – bis zum heutigen Tag – unzufrieden gemacht.
Es kann sogar sein, daß viele der Mütter tatsächlich Schmerzen in der Herzgegend verspürt haben, deren Ursachen in Wahrheit jedoch nicht körperlicher, sondern seelischer Natur waren.
Unsere Mütter wurden nämlich nicht nur äußerlich, sondern auch innerlich in ein Korsett gezwängt. Das innere Korsett bestand aus Konventionen, Abhängigkeiten und dem Zwang, nichts von sich preisgeben zu dürfen. Sie fühlten sich sowohl physisch als auch psychisch eingeengt, bedrückt, abgeschnürt und beklommen.
Genau wie wir waren sie mit hochfliegenden Plänen in die Ehe gestolpert und mußten von Jahr zu Jahr mehr Abstriche machen. Natürlich gab das keine zu! Darüber sprach man ja nicht. Es ging keinen etwas an. Dennoch war es für jede Frau ein bedrückender Zustand. Ihre

Gefühle schnürten ihr die Luft ab und verursachten Schmerzen.
Seelische Herzschmerzen durfte man nicht zugeben, aber körperliche ... das war ein Ausweg!

Wir Töchter haben unsere Mütter zum Teil schon in jungen Jahren kritisch beäugt und haben nicht alles übernommen, was sie uns vorgemacht oder vorgelebt haben. Wir wollten unseren Kindern bessere Mütter sein! Auch für uns selber wollten wir eine passendere Lebensform finden, deshalb haben wir es zum Beispiel von vornherein abgelehnt, ein Korsett zu tragen.
Ich erinnere mich lebhaft daran, daß meine Mutter mir kurz vor meiner ersten Entbindung folgende Empfehlung gab: »Gleich nachher, wenn du aus dem Krankenhaus kommst, mußt du dir ein gutsitzendes Korsett anpassen lassen, damit deine Figur wieder in Form kommt, Roswitha!«
Doch ich traute meiner Mutter nicht und befragte meinen Arzt. Der riet mir entschieden davon ab: »Ein Korsett verwöhnt die Bauchmuskulatur und macht sie schlaff! Das beste ist, unmittelbar nach der Entbindung mit einer Wochenbettgymnastik zu beginnen, damit die Muskeln wieder gekräftigt werden.«
Daran hielt ich mich gewissenhaft. In das seelische Korsett haben wir Töchter uns von unseren Müttern hingegen weitgehend pressen lassen. Bis vor kurzem haben wir es widerspruchslos getragen und unsere Probleme für uns behalten. Unsere Mütter haben uns das drastisch beigebracht: Wenn wir mit ihnen über unsere Sorgen sprechen wollten, wurden wir ausgeschimpft, bestraft und gezüchtigt und fühlten uns danach noch mieser. Also schwiegen wir lieber.

Erst jetzt sprengen wir auch dieses Korsett: Wir sprechen uns mit Gleichaltrigen und Gleichgesinnten offen aus. Dabei machen wir die wunderbare Erfahrung, daß wir uns danach freier, wohler und glücklicher fühlen.
Meine Mutter beobachtet das mit einem unbewußten Neidgefühl und versucht, mir einen solchen Umgang zu verbieten. Weil ich mir das aber nicht mehr verbieten lasse, greift sie zu anderen Methoden: Sie wird schwierig, sperrt sich in ihr Zimmer ein oder versucht, mich so mit Beschlag zu belegen, daß für meine Interessen keine Zeit mehr bleibt.
Wahrscheinlich beneiden uns unsere Mütter noch um vieles mehr. Wir kennen moderne Methoden der Empfängnisverhütung und können unsere Familie planen. Infolgedessen haben wir meistens nicht mehr als zwei bis drei Kinder großzuziehen und sehr viel mehr Bewegungsfreiheit.
Hinzu kommt, daß viele von uns einen Führerschein und ein Auto besitzen. Fast alle von uns haben eine umfassendere Schulbildung als unsere Mütter und größtenteils eine abgeschlossene Berufsausbildung. Unsere Berufstätigkeit gibt uns finanzielle Unabhängigkeit und bringt uns mit Kollegen und anderen Menschen zusammen. Außerdem können wir große Reisen machen und viele verschiedene Möglichkeiten zur Selbstverwirklichung nutzen.
Von all dem konnten unsere Mütter nur träumen. Ihren Neid würden sie jedoch niemals zugeben – sie gestehen ihn sich selbst nicht einmal ein! An vielen kleinen Gehässigkeiten, Herzlosigkeiten und Ausbeutungsmanövern werden ihre Gefühle dennoch offenkundig.
Meine Mutter hat mit fünfzig Jahren die Hände in den Schoß gelegt und die alte Frau gespielt, während sie

heute von mir verlangt, daß ich mit meinen fünfzig Jahren munter wie ein Teenager um sie herumhüpfe.
Ich staune immer wieder, mit welcher Unverfrorenheit sie Dinge von mir fordert, die sie selber nie zu geben bereit war. Aus Gesprächen mit anderen Frauen weiß ich, daß es ihnen ähnlich geht. Immer wieder kam darin zum Ausdruck, daß unsere Mütter unentwegt dringende und eilige Dienste von uns verlangen, obwohl sie selber noch rüstig sind und sehen, daß wir abgehetzt und erschöpft sind. Fast könnte man meinen, sie legten es darauf an, uns kaputtzumachen. Haben sie dabei kein schlechtes Gewissen? – Diese Frage habe ich mir oft gestellt.
Meines plagte mich schon bei dem geringsten Versäumnis! Daher bemühte ich mich stets, meiner Mutter alles recht zu machen, den Kindern entgegenzukommen und meinen Mann nicht zu vernachlässigen. Vor allem war ich immer bestrebt, an niemanden Forderungen zu stellen, und mit meiner Arbeit und meinen Problemen alleine zurechtzukommen.
Darüber sprach ich neulich mit einer Bekannten, die ganz ähnliche Erfahrungen wie ich gemacht hat.
»Entweder haben unsere Mütter kein Gewissen«, mutmaßte ich, »oder sie werden damit leichter fertig als wir!«
»Oh, doch! Sie haben ein Gewissen!« entgegnete meine Bekannte. »Und sie werden damit auch nicht fertig!«
»Das verstehe ich nicht«, sagte ich. »Wie kann mich meine Mutter dann so behandeln? Außerdem würde es mich sehr belasten, wenn ich mich meiner Mutter gegenüber so verhalten hätte, wie sie sich ihrer Mutter gegenüber benommen hat.«
»Bei meiner Mutter ist es genauso«, antwortete meine

Gesprächspartnerin. »Aber verkraften tun das unsere Mütter nicht! Ich bin sicher, daß beide mit ihrem Gewissen nicht fertig werden.«
Ich schaute sie überrascht und fragend an.
»Warum, glaubst du, kann deine Mutter seit Jahren nicht ohne Psychopharmaka einschlafen? Und warum greift meine Mutter immer wieder zur Flasche? Damit betäuben sie doch nur ihr schlechtes Gewissen!«
Das war für mich ein neuer Aspekt. So hatte ich das noch nie gesehen. Plötzlich glaubte ich, einige Zusammenhänge zu entdecken, und fragte:
»Könnte die Tatsache, daß meine Mutter ihre Mutter ständig in den Himmel gelobt hat, statt die Wahrheit zu sagen, auch Ausdruck ihres schlechten Gewissens sein?«
»Eindeutig!« bestätigte meine Bekannte. »Auch ihr dauerndes Gemeckere über alle möglichen Personen ist nichts anderes! Sie baut unentwegt neue Feindbilder auf und vergleicht sich damit. Dadurch will sie vor den anderen, vor allem aber vor sich selbst besser dastehen.«
Allmählich dämmerte mir, warum meine Mutter unablässig Fehler an meinem Mann und an den Kindern meiner Schwester findet. Sie kaschiert damit ihr schlechtes Gewissen und rechtfertigt ihr schäbiges Verhalten: So schlechte Menschen haben es schließlich nicht verdient, daß man sie besser behandelt!
Aus dem gleichen Grund hat sie wohl von jeher versucht, mir alle meine Verwandten madig zu machen. Noch heute erzählt sie über bestimmte Personen nur negative Dinge und kramt alte Kamellen aus, die über fünfzig Jahre zurückliegen. Auch über meine Bekannten läßt sie Schmähreden vom Stapel. Nun ist mir endlich klar, warum.

Zum Glück nehme ich mir ihre üblen Nachreden seit geraumer Zeit nicht mehr zu Herzen: Ich habe mich längst davon überzeugen können, daß die Mehrzahl meiner weiblichen Verwandten in Wahrheit patente Frauen sind, die wie ich damit beschäftigt sind, ihr Korsett, das aus Erziehung und Konventionen besteht, zu sprengen. Genau wie ich haben sie jahrzehntelang unter diesen Einengungen gelitten.

Die Kunst der Kommunikation

Tatsächlich gehen die Frauen aus meiner Verwandtschaft – meine Schwestern, Cousinen, Schwägerinnen und jüngeren Tanten – seit einigen Jahren sehr offen miteinander um. Wir reden frei über unsere Probleme und sind nicht mehr, wie früher, ständig bemüht, den schönen Schein zu wahren. Wir alle haben gemerkt, daß das nichts bringt.
Seit wir ehrlich miteinander sind, können wir uns viel besser helfen, uns gegenseitig aufbauen, miteinander lachen und weinen, trauern und fröhlich sein.
Dieselbe Offenheit versuche ich, meinen weiblichen Bekannten und auch fremden Frauen, die ich in der Bahn oder in einem Wartezimmer treffe, entgegenzubringen.
Bisher habe ich von solchen Gesprächen immer profitieren können. Ich bekam Ratschläge oder praktische Tips zu hören, fühlte mich wohl, weil man mir zuhörte und sich für mich interessierte, und gab selber anderen Frauen Hinweise und Anregungen.
In diesem Zusammenhang seien die Intelligenz und der Spürsinn der Männer bewundert: Sie wissen längst, daß Frauen die interessanteren Gesprächspartner sind und daß man sich nach einem Gespräch mit einer Frau wohl, erleichtert und bereichert fühlt! Wir Frauen kommen erst allmählich dahinter.
Männer hingegen sind im allgemeinen schlechte Zuhö-

rer. Die meisten reden ständig selber (am liebsten über sich), beweihräuchern sich und erzählen von Dingen, die andere gesagt haben.
So führte ich etwa vor kurzem ein Gespräch mit drei Herren, die in ungefähr in meinem Alter sind. Keiner hat dem anderen zugehört, statt dessen versuchte jeder, das Wort an sich zu reißen. Am Ende haben alle drei gleichzeitig auf mich eingeredet, weil ich die einzige war, die den Mund hielt und zuhörte. Trotz des Durcheinanders ist mir nicht entgangen, daß jeder gerade eine Lobrede auf sich selber hielt.
Junge Mädchen sind wesentlich unkritischer, weil sie sich stark zu Männern hingezogen fühlen und gar nicht wahrnehmen, was oder wie Männer sprechen. Sie entfremden sich dadurch oft selbst von der besten Freundin, haben keine Zeit mehr für sie – oder sie hat keine Zeit mehr für die Freundschaft!
Spätestens nach der Heirat verloren wir früher unsere Freundinnen aus den Augen. In jeder anderen Frau, die ab diesem Zeitpunkt den eigenen Lebensweg kreuzte, sahen wir primär eine Rivalin und übten uns ihr gegenüber in Zurückhaltung. Hinzu kam die Tatsache, daß wir über unsere Probleme nicht sprechen durften. Wir taten nach außen hin schön, auch wenn uns innerlich das Wasser bis zum Hals stand, und wir nahmen an, daß es jeder anderen Frau besser ging als uns selbst.

Eine Weile lang haben wir wohl alle versucht, Schwierigkeiten mit unseren Ehemännern zu besprechen. Mit der Zeit haben wir aber gemerkt, daß unser Mann unsere Probleme oft nicht verstand, uns gar nicht zuhörte oder uns gar schalt, ganz wie unsere Mütter das früher getan haben. Kurzum, von den Männern war nicht viel Auf-

munterung zu erwarten, weil sie entweder nicht konnten oder nicht wollten. So litt, wirkte und kämpfte jede Frau still vor sich hin.
Inzwischen sind viele von uns reifer geworden, schlauer und kritischer. Wir haben gelernt, im Umgang mit gleichaltrigen Frauen die Maske fallen zu lassen — mit dem überraschenden Resultat, daß Frauen für uns die besten Gesprächspartner sind! Wir blicken in jede Frau wie in einen Spiegel hinein und entdecken uns und unsere Probleme darin wieder. Wir spüren, daß wir verstanden werden, und das ist eine beglückende und hilfreiche Erfahrung.
Das Konkurrenzdenken ist weitgehend in den Hintergrund getreten. Frauen sind füreinander in erster Linie keine Rivalinnen mehr, sondern Ratgeberinnen, Helferinnen, Vertraute und Mitstreiterinnen. Das tut nach den langen Jahren der inneren Einsamkeit unendlich gut!
Mirjam Pressler sagte: »Ich brauche vor allem Beziehungen zu Frauen. Mit Frauen kann ich anders reden, und es spielen andere Dinge eine Rolle.«
Alle Frauen, die ich auf meinen Seminaren kennenlernte und die mir bereitwillig Auskunft darüber gaben, wie sie sich von ihren Ängsten und Problemen befreit haben, hatten etwas gemeinsam: Sie waren alle der Überzeugung, daß sie es alleine nicht geschafft hätten, sondern sich nur durch die Hilfe anderer Frauen selber so gut kennenlernen konnten.
Nach meinen Beobachtungen hatten es Frauen auf dem Lande diesbezüglich schon immer leichter. Sie kennen sich oft von Kindesbeinen an und brauchen sich nichts vorzumachen. Sie wissen, wo die anderen der Schuh drückt, und helfen einander in Notlagen. Vor Jahren

hat dieser Zusammenhalt eine Intensivierung durch das Entstehen verschiedener Vereine erfahren, die sich in den meisten Dörfern »Frauenbünde« oder »Landfrauenvereine« nennen.

Ich hatte verschiedene Gelegenheiten, Einblick in die Aktivitäten dieser Vereine zu nehmen. Im geselligen Beisammensein besprechen Frauen hier ihre Probleme. Sie unternehmen Fahrten, die sie aus dem Alltagstrott herausreißen und bei denen sie ihre Sorgen für eine Weile vergessen können. Die Unternehmungen erweitern ihren Horizont und vermitteln ihnen Freude durch die gemeinsamen Mahlzeiten und das Beisammensein im Bus. Außerdem werden Theateraufführungen veranstaltet, bei denen jede Frau in eine fremde Rolle schlüpfen kann. Neben der Möglichkeit, kreativ zu sein, ernten die Frauen bei ihren Vorstellungen Applaus und Bewunderung. In den Wintermonaten sitzen sie gemütlich beisammen, unterhalten sich und stricken, häkeln oder sticken für eigene oder wohltätige Zwecke.

Auch die Stadtfrauen haben erkannt, wie wichtig ein regelmäßiger Austausch ist. Heutzutage gibt es überall Frauengruppen, in denen sie versuchen, Probleme gemeinsam zu bewältigen. In Notsituationen ist es oft schon eine große Hilfe, die Verbundenheit mit anderen Frauen zu spüren.

Ebenso wohltuend ist es, vor den anderen Schwächen zugeben zu können, ohne ausgelacht zu werden. Egal in was für einer mißlichen Lage wir uns befinden, die Gruppe gibt uns das Gefühl, aufgefangen zu werden.

Von verschiedenen Seiten habe ich gehört, daß es vielen Frauen leichter fällt, mit völlig fremden Frauen über Dinge zu sprechen, die sie tief bewegen, als mit Frauen, die sie kennen. In der Nachbarschaft oder im Bekanntenkreis fürchten sie immer, daß intime Geständnisse weitererzählt werden könnten. In einer anonymen Frauengruppe besteht diese Gefahr dagegen weniger.

Einige Frauen verspüren das Bedürfnis, mit der besten Freundin, der Nachbarin oder einer Verwandten über ein heikles Thema zu reden, nachdem sie sich mit einer Außenstehenden darüber ausgesprochen haben. Dadurch rückt man sich näher und erhält bei der Bewältigung eines schwierigen Problems zusätzliche Hilfe.

2.
Die Persönlichkeit entfalten

Dreierlei haben wir nun schon erkannt:
1. Wir haben ein Recht auf mehr Zeit.
2. Wir brauchen Zeit für unsere Gesundheit.
3. Wir brauchen Zeit für unsere Selbstverwirklichung.

Zu 1.: Hätten wir nicht schon längst etwas für uns tun sollen? Die Zeit zerrinnt uns zwischen den Fingern und wird immer knapper – daher muß sofort etwas passieren, sonst haben wir nichts mehr von unserer Zeit. Wir haben außerdem erkannt, daß nicht andere, sondern nur wir selbst für unser Glück verantwortlich sind.

Zu 2.: Um für dieses Glück etwas zu tun, versuche ich selber, mich fit und gesund zu halten, denn eine gute Gesundheit trägt wesentlich zu unserem Glück bei.
Morgens mache ich jeden Tag fünfzehn Minuten lang Gymnastik. Beim Frühstück lasse ich mir Zeit und setze mich gemütlich hin, statt hastig zwei Tassen Kaffee hinunterzuschütten. Genußvoll verzehre ich vollwertige und ballaststoffreiche Speisen, denn das gibt Kraft und gute Laune für den ganzen Tag. Außer einem vollwertigen Frühstück gehören noch andere gesunde Mahlzeiten in mein Tagesprogramm.
Die Umstellung auf eine entsprechende Ernährung ist nur am Anfang etwas zeitaufwendiger: Man muß sich theoretisch einarbeiten, neue Rezepte ausprobieren und

die Geschäfte ausfindig machen, in denen man die Zutaten dafür bekommt.
Das allerwichtigste ist mir mein täglicher Spaziergang. Die meisten von uns haben ihre Spaziergänge stark reduziert, wenn nicht völlig abgeschafft. Als Kind habe ich mir durch Klettern, Seilspringen, Kreisspiele oder Fangen Bewegung verschafft. In der Zeit des Verliebtseins waren stundenlange Spaziergänge an der Tagesordnung. Schließlich war das in unserer Jugend die einzige Möglichkeit, mit dem Angebeteten zusammenzusein.
Und auch der Tanz hatte einen hohen gesundheitlichen Stellenwert. Selbst als junge Mutter hatte ich genug Bewegung an der frischen Luft, wenn ich meine Babys spazierenfuhr. Dann fielen allmählich die Gründe fürs Spazierengehen weg, und ich legte mich, wenn ich eine freie Stunde ergattert hatte, lieber genüßlich aufs Ohr.
Inzwischen habe ich einiges über den Zusammenhang von körperlicher Bewegung und Gesundheit dazugelernt und zwölf gute Gründe herausgefunden, die mich motivieren, täglich eine Stunde zügig zu gehen – sonntags nach Möglichkeit zwei. Spazierengehen ist nämlich von unschätzbarem Wert:

- für die Muskulatur
- für die Knochen
- gegen Krampfadern
- gegen Inkontinenz
- gegen Hämorrhoiden
- für Herz und Kreislauf
- für die Lunge
- für die Verdauung
- für die Figur
- für den Teint
- für die Gehirntätigkeit
- gegen vegetative Störungen.

Die Reihenfolge hat keinen wertenden Charakter. Die Punkte sind ziemlich gleichrangig. Für das physische und psychische Wohlbefinden sind sie allesamt von Bedeutung, und bei jedem Spaziergang wird die gesamte Palette erfaßt.
Natürlich gehören zu einer guten Gesundheit auch Körperpflege und Kosmetik, wie wir noch sehen werden. Für all das braucht man Zeit — allein schon, um an Informationen darüber mittels Bücher oder Fernsehen zu kommen.

Nun aber zu Punkt 3: Warum wollen wir letztlich gesund und fit bleiben? Antwort: Weil wir auf die Erfüllung unserer Träume hoffen! Wir wollen uns selbst verwirklichen und unser Glück in die eigene Hand nehmen. Wir verspüren das Bedürfnis, etwas Bleibendes zu schaffen, nachdem wir so lange Arbeiten nachgegangen sind, deren Ergebnis nur von kurzer Dauer war, wie das tägliche Essenkochen, Putzen, Waschen oder Abstauben. Wir möchten kreativ sein.
Die eine sieht ihre Möglichkeiten im künstlerischen Bereich, die andere in der Weiterbildung, und wieder andere engagieren sich in der Kirche oder in der Politik.
Wer einen Wiedereinstieg ins Berufsleben plant, sollte sich bei der nächstgelegenen Volkshochschule erkundigen, wo und wann ein Kurs zu diesem Thema stattfindet. Es gibt Kurse, in denen praktische Kenntnisse und moderne Arbeitstechniken vermittelt werden, sowie solche, die der Frau allgemeine psycho-soziale Hilfestellung beim Wiedereinstieg geben.
Viele örtliche und kirchliche Bildungsträger bieten zunehmend auch Kurse und Veranstaltungen an, die auf Alter und Ruhestand vorbereiten. In mehreren Städten

weisen die Volkshochschulen in ihren Programmheften sogar darauf hin, daß sie für Anregungen dankbar sind und gern neue Kurse in ihr Angebot aufnehmen, wenn dafür Bedarf besteht. Werden Sie aktiv!
Wie sie sich selbst letztlich verwirklicht, darüber hat jede Frau eine andere Vorstellung. Vielleicht muß sie es auch erst herausfinden und folgt zunächst nur ihrem Wunsch, endlich etwas für sich zu tun und verschiedenen Anregungen nachzugehen. An diesen Typ Frau habe ich bei der Aufstellung im folgenden Kapitel gedacht. Einige meiner Vorschläge beschreibe ich im Anschluß daran ausführlicher: Es sind die Möglichkeiten, die mir weitergeholfen haben, die mich innerlich bereichert haben und die mir wichtig erscheinen. Lesen Sie sie einmal in Ruhe durch und lassen Sie sie auf sich wirken. Ihre praktische Anwendbarkeit ergibt sich dann von selbst.

Das breite Angebot

Die folgende Auflistung möglicher kreativer Beschäftigungen setzt sich aus meinen persönlichen Entdeckungen und aus dem, was andere Frauen mir erzählt haben, zusammen. Es handelt sich um verschiedene Tätigkeiten, die Freude machen und durch die Sie sich Abwechslung verschaffen, eigene Interessen entdecken und Ihr Selbstwertgefühl steigern können.
Die Vorstellungen der Frauen darüber, wie sie dem Alltag am besten entfliehen, um neue Kräfte zu sammeln, sind so unterschiedlich wie die Frauen selbst. Die meisten Aktivitäten werden in Frauengruppen praktiziert, sehr selten auch einmal in gemischten Gruppen und noch seltener im Alleingang. Das zeigt, daß die meisten einfach eine Gruppe brauchen, um Gedanken untereinander auszutauschen und neue Impulse zu bekommen.
Hier eine Liste mit verschiedenen Möglichkeiten, etwas zu tun:

- Beitritt zu Sportvereinen (z. B. Tennis, Gymnastik, Jazz-Gymnastik, Volleyball, Handball, Tischtennis, Tanzkurse).
- Beitritt zu einem Kegelclub,
- Schwimm- oder
- Wanderverein.
- Teilnahme an einem Yoga-Kurs.
- Teilnahme an organisierten Radtouren.

- Anschluß an Reisegruppen.
- Besuch eines Fremdsprachen- oder
- Konversationskurses (z.B. für Englisch, Französisch, Italienisch oder Spanisch).
- Teilnahme an Literaturgesprächskreisen.
- Lektüre von Frauenbüchern.
- Betreiben von Hobbies wie z. B. Fotografie,
- Videographie,
- Töpfern,
- Seidenmalerei oder Batik,
- Collagen,
- Stricken,
- Spinnen oder weben lernen.
- Klassentreffen organisieren.
- Musikunterricht wieder aufnehmen oder Hausmusik machen.
- Sich für Traum-, Märchen-, Sterbe- oder Trauerseminare anmelden.
- In Selbsthilfegruppen eintreten.
- Sich politisch engagieren.
- Städtepartnerschaften herstellen, organisieren und pflegen.
- Kirchliche Aktivitäten betreiben (z. B. in der Pfarrgemeinde, im Kirchenvorstand, Verwaltungsrat oder Kinder- und Jugendausschuß, beim Roten Kreuz oder bei der Caritas).
- Freiwillige Krankenbesuche oder Altenbetreuung übernehmen.
- Dem Frauenbund oder den Landfrauen beitreten.
- Sich im Umweltschutz engagieren und Bio-Zirkel besuchen.

Frauenbücher

Noch nie sind so viele Bücher von Frauen für Frauen über Frauen geschrieben worden wie in den letzten Jahren. Einige davon sind mir zufällig in die Hände gefallen, andere habe ich mir gezielt gekauft. Um Ihnen zu zeigen, wie viele unterschiedliche Frauenbücher es gibt, werde ich Ihnen verschiedene Arten davon vorstellen und Ihnen am Ende dieses Kapitels einige Titel nennen.
Doch wenden wir uns zunächst der Frage zu, warum diese Literatursparte so wichtig für uns ist. Ich selber habe viele Frauenbücher in der Hoffnung gelesen, darin Neues zu erfahren – Dinge, die bisher keinen Eingang in meine Welt gefunden hatten. Ich wollte Anregungen für meine weitere Lebensgestaltung bekommen und erwartete, ein Rezept für das Glück zu finden, das ich bislang vergeblich suchte.
Die Beschäftigung mit Frauenbüchern hat mich einen großen Schritt weitergebracht: Ich begriff, daß ich auch als Frau eine Persönlichkeit bin, und zwar nicht nur aus Ehemanns Gnaden! Ich erkannte, daß Frauen ganz spezifische und ähnlich gelagerte Probleme haben und ich damit nicht allein bin. Außerdem sah ich ein, daß manches, was ich als Problem angesehen hatte, in Wirklichkeit eine ganz natürliche Sache ist. Gleichzeitig ging mir auf, daß Abhilfe möglich ist, daß es Beratungsstellen und Selbsthilfegruppen gibt und daß man Schwierigkeiten gemeinsam bewältigen kann.

Durch Frauenbücher erfuhr ich erst, wie gut es mir im Vergleich zu anderen Frauen geht, und wurde dadurch zufriedener. Ich lernte, über meine Probleme zu sprechen, auf andere zuzugehen und mir dadurch das Herz zu erleichtern. Und ich erfuhr, wo ich Rat und Hilfe bekommen konnte.
Immer, wenn ich mich mit Frauen meines Alters unterhalten habe, kamen wir sehr bald auf bestimmte Bücher zu sprechen. Der Gedankenaustausch zu den Inhalten und Aussagen tat uns gut. Man merkte sofort, daß die meisten — genau wie ich — ein neues Selbstbewußtsein aus den Büchern bezogen. Nur wenige Frauen sagten: »Dazu kann ich nichts sagen. Ich lese keine Bücher — mir genügt die Zeitung!« Diese Frauen hatten meist nur eine geringe Schulbildung.
In dem Kapitel »Ich bin nicht allein« habe ich von meiner ehemaligen Schulkameradin Mechthild berichtet. Zu ihrem dreiundvierzigsten Geburtstag hatte ihr eine Freundin das Buch »Ich bin ich« von Judith Jannberg geschenkt. Es war das erste Frauenbuch, das Mechthild in die Hände bekommen hat. Obwohl sie bis dahin nie Zeit zum Lesen hatte, verschlang sie das Buch innerhalb weniger Tage.
Nach der Lektüre begann sie, über ihr Leben nachzudenken. Ihr wurde bewußt, daß sie bisher gar nicht richtig gelebt hatte, nicht sie selbst gewesen war. Sie hatte ein Schattendasein an der Seite ihres Mannes geführt: Er war jemand, hatte einen angesehenen Beruf, ging einem kostspieligen Hobby nach und trat an die Öffentlichkeit.

Sie aber war ein Niemand — nur ein Anhängsel. Sie sorgte im Hintergrund dafür, daß sein Leben erfolgreich verlief, und hielt ihm den Rücken für Beruf und Hobby frei. Er stellte sie als dumm und unwissend dar, und sie hielt sich dafür.

Doch nachdem Mechthild »Ich bin ich« gelesen hatte, änderte sich das. Ihr Geist war angeregt, und Mechthild entdeckte ihren Verstand. Sie begann, sich für Dinge zu interessieren, von deren Existenz sie bis dahin keine Ahnung hatte.

An dem Wochenende, an dem ich sie zu Hause besuchte, war ihr nicht mehr anzumerken, daß sie nur die Volksschule besucht hat. Inzwischen hat sie weitere Frauenbücher gelesen und beschäftigt sich nebenbei auch mit Büchern über Religion, Psychologie, Medizin, Geschichte und Kunst.

»Erst seit ich lese«, sagte mir Mechthild, »habe ich das Gefühl, richtig zu leben!«

Bücherlesen kann ein Teil unserer Selbstverwirklichung sein, besonders wenn es um Themen geht, die uns auf den Nägeln brennen. Frauenbücher nehmen also eine herausragende Stellung ein. Neben romanartigen und erzählenden Werken gibt es viele Sachbücher, die auf das Wesen der Frau, ihre Rolle in der Gesellschaft und ihre Leistungen eingehen.

Zu den wichtigsten Themen zählen dabei: Frau und Beruf, Frau und Karriere, Arbeit und Ausbildung, der Paragraph 218, das Gewaltproblem, Frauen als Ware, Frau und Familie, Psychologie und Erziehung, Frauen in anderen Ländern, die gesellschaftliche Rolle der Frau als Hausfrau und Mutter. Daneben gibt es aber auch Bücher zu politisch aktuellen Themen, historische Abrisse zur Frauenbewegung, theoretische Darstellungen zum Feminismus sowie Betroffenenberichte verschiedenster Couleur.

Hier eine kleine Auswahl konkreter Titel, die Ihnen — je nach Interessenlage — sowohl Anregungen für Ihre persönlichen Gespräche mit anderen Frauen als auch Diskussionsstoff in einem Literaturkreis bieten:

- Simone de Beauvoir: Das andere Geschlecht. Sitte und Sexus der Frau. Reinbek 1951
- Alice Schwarzer: Der »kleine Unterschied« und seine großen Folgen. Frauen über sich — Beginn einer Befreiung. Frankfurt/M. 1975
- Alice Schwarzer: Simone de Beauvoir heute. Reinbek 1983 (gesammelte Interviews mit Simone de Beauvoir).
- Betty Friedan: Der Weiblichkeitswahn oder die Selbstbefreiung der Frau. Reinbek 1966
- Betty Friedan: Das hat mein Leben verändert. Beiträge und Reflexionen zur Frauenbewegung. Reinbek 1982
- Hilke Schlaeger (Hg.): Mein Kopf gehört mir. Zwanzig Jahre Frauenbewegung. München 1988
- Annie Le Brun: Laßt alles fahren. Berlin 1982
- Lynne Segal: Ist die Zukunft weiblich? Probleme des Feminismus heute. Frankfurt/M. 1989
- Herrad Schenk: Die feministische Herausforderung. 150 Jahre Frauenbewegung in Deutschland. München 1983
- Gerda Zorn: Rote Großmütter. Gestern und heute. Köln 1989 (Berichte von ehemaligen Widerstandskämpferinnen).
- Sonja Pape-Siebert: Genug gejammert! Oder verraten die Frauen den Feminismus? Eine Streitschrift. Bonn 1984

- Rita Süssmuth: Frauen – der Resignation keine Chance. Sammlung wissenschaftlicher und politischer Texte 1980-1985. Düsseldorf 1985
- Ingrid Strobl: Frausein allein ist kein Programm. Freiburg 1989
- Barbara Sichtermann: Weiblichkeit. Zur Politik des Privaten. Berlin 1983
- Inge Baxmann/Edith Laudowicz/Annette Menzel: Texte, Taten, Träume. Wie weiter mit der Frauenbewegung?. Köln 1984
- Sulamith Firestone: Frauenbefreiung und sexuelle Revolution. Frankfurt/M. 1975
- Marita Haibach/Mechthild Immenhötter/Eva Rühmkorf: Frauen sind nicht zweite Klasse. Frauenpolitik für Gleichstellung. Hamburg 1986
- Evelyn Bassoff: Lieben und doch loslassen. Der Mutter-Tochter-Konflikt. Bergisch Gladbach 1990
- Rosetta Reitz: Wechseljahre. Ermutigungen zu einem neuen Verständnis. Reinbek 1981
- Doritt Cadura-Saf: Das unsichtbare Geschlecht. Frauen, Wechseljahre und Älterwerden. Reinbek 1986
- Simone de Beauvoir: Das Alter. Reinbek 1972
- Ursula Lehr: Zur Situation der älter werdenden Frau. Bestandsaufnahme und Perspektiven bis zum Jahre 2000. München 1987

Weitere Titel finden Sie im Literaturverzeichnis unter Punkt 6 (Stichwort: »Allgemein«) am Ende dieses Buchs.

Klassentreffen

Eines Tages erhielt ich folgenden Brief:

Liebe Ehemalige!
Habt Ihr auch daran gedacht, daß es schon zwanzig Jahre her ist, seit wir Abitur gemacht haben? Wäre das nicht ein Grund, sich mal wieder in T. zu treffen? Als Zeitpunkt schlage ich den 12./13. Mai vor, als Ort das Hotel P. Wir könnten uns dort gegen Mittag treffen, gemeinsam essen und überlegen, was wir den Rest des Tages machen möchten.
Mit Erikas Hilfe habe ich bereits vergangenen Herbst damit begonnen, Adressen zu sammeln. Bis auf drei haben wir alle ausfindig gemacht. Wer weiß etwas über Gertrud B., Helga und Christel?
Herzliche Grüße,
Marianne.

Dann folgte eine Liste der Namen und Adressen der ehemaligen Klassenkameradinnen, die Marianne und Erika herausgefunden hatten. Die Nachnamen waren weitgehend neu.
Ich freute mich riesig über die Einladung. Zwei Tage ohne häusliche Pflichten, ohne Kochen, Staubwischen oder einem »Mama, mach bitte ...« Zwei Tage nur für mich!
Ich würde aus meinem Alltagstrott herauskommen und

einmal etwas anderes sehen und hören. Außerdem war ich schrecklich neugierig darauf, all die Mädchen wiederzusehen, mit denen ich drei Jahre lang die Schulbank gedrückt hatte. Was war wohl aus ihnen geworden? Wie mochten sie jetzt aussehen? Würde ich sie alle wiedererkennen? Zwanzig Jahre sind schließlich eine lange Zeit.
Ich hatte schon einmal vor fünfzehn Jahren, also fünf Jahre nach unserem Abitur, eine ähnliche Einladung erhalten, mich damals aber nicht im geringsten dafür interessiert und keine große Lust verspürt, ehemalige Schulkameradinnen wiederzusehen und dafür eine weite Fahrt in Kauf zu nehmen. Ich hatte anderes im Kopf: Mein Kind war noch sehr klein, und ich bereitete mich gerade auf das zweite Staatsexamen vor.
Aber jetzt, nach zwanzig Jahren, war es etwas anderes. Das war ein Ereignis, an dem ich teilnehmen mußte, und wenn ich durch ganz Deutschland hätte fahren müssen. Ich meldete mich sofort an.

Als ich am 12. Mai am vereinbarten Ort eintraf, war ich mächtig aufgeregt. Einige saßen bereits an den Tischen, begutachten die Neuankömmlinge und erkannten mich sofort. Es gab ein großes Hallo. Ich befand mich in der schwierigen Lage, gleichzeitig mehrere Gesichter identifizieren zu müssen.
Ich blickte aufmerksam in ein Gesicht nach dem anderen: »Hallo, du bist Lisa! Gut schaust du aus. Bist viel schlanker geworden. Und du bist Ute – unverkennbar! Du hast dich überhaupt nicht verändert. Ja, und du bist Katrin, kein Zweifel!« Bei der nächsten mußte ich passen: »Bei dir komm ich nicht drauf!«
»Ich bin Marianne K.«

»Nein, nicht zu fassen! Du bist so elegant geworden! Haben dich die anderen alle sofort erkannt?«
»Nein, nicht alle«, antwortete Marianne.
Beim Mittagessen wurde viel gelacht und erzählt. Den Rest des Tages beschlossen wir, in Fraukes Haus außerhalb der Stadt zu verbringen. Es war groß und supermodern. In der privaten Atmosphäre ergaben sich angeregte Gespräche. Kein beflissen herbeieilender Ober störte unsere Gedankengänge. Plötzlich sprach ich mit ehemaligen Schulkameradinnen, zu denen ich früher in der Schule kaum Kontakt hatte. Sogar zu solchen, die ich während der Schulzeit nicht mochte, entwickelte sich nun ein freundschaftliches Verhältnis. Wir räumten alte Mißverständnisse schnell aus dem Weg und stellten fest, daß wir jetzt vieles in einem anderen Licht sahen, ja sogar Verständnis für damalige Verhaltensweisen der andern aufbrachten.
Leider war unser Kreis nicht mehr vollständig. Helga war im Alter von siebenundzwanzig Jahren tödlich verunglückt. Annette lebte gerade für einige Jahre in Südamerika. Gabriele, die mit ihrer Familie ganz in der Nähe wohnte, hatte sich einfach nicht gemeldet. Zwei Entschlossene riefen zwischendurch bei ihr an, erreichten sie sogar, bekamen aber fadenscheinige Ausreden zu hören. Sie hatte wohl keine Lust, uns wiederzusehen.
Am späten Abend fühlte ich mich in dieser Runde so wohl und vertraut, daß ich sie gerne bald wieder um mich gehabt hätte. Meinen Kameradinnen erging es genauso. Wir kamen überein, uns bereits nächstes Jahr wieder zu treffen.
»Warum feiern wir unser Wiedersehen nicht in einer alten Mühle, die mein Mann und ich uns vor einigen Jahren gekauft haben?« schlug ich vor.

Begeistert beschrieb ich meinen ehemaligen Schulkameradinnen die Romantik, die sich mit einer Mühle verbindet. Ich fand, daß das genau das Richtige für ein Treffen war. Ich hatte bereits von mehreren gehört, was das Leben ihnen für Stöße versetzt hatte. Einigen hatte es schwere Wunden zugefügt. Da wäre es doch wunderbar, sich einmal in eine heile Welt zurückzuversetzen, in die Jugendzeit zurückzusinken und sich alten Erinnerungen hinzugeben.
Die anderen sagten begeistert zu. Der Ausblick auf das baldige Wiedersehen machte uns den Abschied am Abend leichter.

Ein Jahr später war es soweit: Meine Klassenkameradinnen reisten an einem herrlichen Septembertag an. Ich stand schon erwartungsvoll in der Tür, als das erste Auto um die Kurve bog. Leider konnten nicht alle kommen. Einige hatten noch jüngere Kinder zu versorgen, andere mußten festgelegte Termine wahrnehmen, wieder andere hatten sich gar nicht gemeldet. So waren wir diesmal nur ein rundes Dutzend.
Alle hatten eigenes Bettzeug, Gummistiefel, Taschenlampen und Lebensmittel mitgebracht und waren gespannt, neugierig, erwartungsvoll und anfangs auch ein bißchen bange. Doch bald schüttelten wir die Gegenwart mit all ihren häuslichen Problemen, den Sorgen und der Angst vor der Zukunft ab und gaben uns der Erinnerung an die gemeinsam verlebten Jahre hin.
Jeder zweite Satz fing an mit: »Erinnerst du dich ...?«, »Weißt du noch ...?« oder: »Nein, wenn ich daran denke ...!«
Wir frischten alte Geschichten wieder auf und erfuhren einiges, das die eine oder andere seinerzeit nicht mit-

bekommen hatte, weil sie entweder an dem betreffenden Tag gefehlt hatte oder weil sie in einer anderen Clique gewesen war. Plötzlich wurden uns neue Zusammenhänge klar, und die Schulzeit, die damals so anstrengend und lästig gewesen war, wurde in unserer Erinnerung selig und verklärt.
Da einige einen relativ weiten Heimweg hatten, begannen um vier Uhr nachmittags die Verabschiedungszerimonien. Es fiel uns allen schwer, uns voneinander zu trennen.
Doch jede von uns ging gestärkt wieder in den Alltag zurück. Das erfuhr ich durch Briefe, Telefonate oder auf dem nächsten Treffen, denn von da an versammelten wir uns jedes Jahr im September in der Mühle.

Bei unserem zweiten Treffen war ich zuerst ein wenig enttäuscht, weil nur sieben gekommen waren. Es wurde dennoch eine große Bereicherung. Diesmal drehten sich unsere Gespräche nicht mehr um die Vergangenheit und das »Weißt du noch ...?«, sondern wir sprachen über aktuelle Probleme, überwiegend über Schwierigkeiten mit den Kindern.
Wir redeten nicht um den heißen Brei herum, hörten uns die Meinungen und Erfahrungen der anderen an und fühlten uns in dem kleinen Kreis aufgehoben und verstanden. Es war die reinste Gruppentherapie.
Auf diese Weise bildete sich im Lauf der Jahre eine Gruppe ehemaliger Schulkameradinnen, die jedes Jahr in der alten Mühle zusammenkommt. Einige kommen immer, andere nur manchmal, und wieder andere habe ich ganz aus den Augen verloren.

Wenn Frauen über vierzig sind, können sie sich solche Ferientage durchaus öfter leisten: Die Kinder sind dann meist schon so groß, daß man sie ohne weiteres für ein Wochenende alleinlassen kann. Der Ehemann sollte auch selbständig genug sein, um für sich sorgen zu können. Und man selber hat zu der eigenen Schulzeit inzwischen genug Abstand bekommen, um sie wieder schön finden zu können und Gefallen daran zu haben, die Kameradinnen von damals wiederzusehen.

In der Zwischenzeit haben unsere ehemaligen Schulfreundinnen familiär und beruflich so viele Sorgen und Freuden erlebt, daß sie das Bedürfnis verspüren, denjenigen, die sie in ihrer Jugend gekannt haben, davon zu erzählen. Man selber hingegen ist neugierig zu erfahren, wie es den anderen ergangen ist.

Ein weiterer Aspekt ist das Gefühl, in die Jugendzeit zurückversetzt zu werden. Man wird innerlich wieder jung und zehrt davon auch noch, wenn der Alltag wieder eingekehrt ist. Bald freut man sich schon wieder auf das nächste Treffen — vorausgesetzt, sie werden regelmäßig organisiert.

Ein dritter positiver Aspekt ergibt sich im Lauf der Jahre von alleine: Man hat einen Kreis, in dem man ungeniert über die Probleme, die das Altern mit sich bringt, reden kann. Doch darüber mehr im III. Teil dieses Buchs.

Traumseminare

Vor einigen Jahren kriselte es in meiner Ehe, woran, wie erwähnt, meine Mutter nicht unschuldig war. Damals hatte ich zwei Träume, die sich in verschiedenen Variationen wiederholten.
Zum einen träumte ich öfter von einem großen, schwarzen Hund. Als ich ihm zum erstenmal im Traum begegnete, bekam ich wahnsinnige Angst, versuchte, vor ihm wegzurennen, schaffte es aber nicht, stolperte und fiel hin. Dann wachte ich zum Glück auf.
Als ich das zweite Mal von dem schwarzen Hund träumte, kam er wieder bedrohlich auf mich zugerannt. Diesmal blieb ich stehen und schaute ihm standhaft in die Augen. Er tat mir nichts, wich aber auch nicht zurück. Ich konnte mich dadurch nicht bewegen, der Hund hätte sich sonst sofort an meine Fersen geheftet.
Ein drittes Mal standen wir uns im Traum gegenüber: Der Hund sprang mit weit aufgerissenem Maul auf mich zu. Ich ballte die Faust und stieß sie ihm in den Rachen. Wie gut, daß ich einen Handschuh anhabe, dachte ich. Das Tier konnte mir nun zwar nichts tun, doch ich kam wieder nicht von ihm los.
Beim viertenmal war der Hund etwas kleiner und stürzte mit gefletschten Zähnen auf mich zu. Wieder steckte ich ihm meine geballte Faust in den Rachen, und diesmal gelang es mir, ihn in eine Felshöhle zurückzudrängen. Blitzschnell schlug ich eine offenstehende Lattentür an

der Höhlenöffnung zu. Sie hatte jedoch weder Schloß noch Riegel. Mir blieb nichts anderes übrig, als sie mit meinen Händen zuzuhalten. Der Hund und ich schauten uns an, und doch konnte keiner fliehen.
Zum anderen träumte ich fünf- oder sechsmal von einem schönen großen Haus, in dem ich mich befand. Es hatte so viele Zimmer, daß ich sie noch gar nicht alle erforscht hatte. Ich ging in meinen Träumen öfter auf die Veranda, blickte auf das verwahrloste Holz, aus dem sie bestand, und dachte, daß es viel Arbeit sein würde, sie wieder herzurichten.
In einem meiner Träume wollte ich auf den Balkon hinaustreten, merkte aber, daß er baufällig war, und schreckte noch rechtzeitig zurück. Ein anderes Mal entdeckte ich verwunschene Dachstübchen, die ich noch nie zuvor gesehen hatte. Auch in den Kellern und Wohnräumen des Hauses ging ich suchend umher.

Als diese beiden Träume das erste Mal auftraten, dachte ich mir nichts dabei. Als sie sich jedoch wiederholten, stieg in mir der Verdacht auf, sie könnten mir etwas sagen wollen. Aber mir fehlte der Schlüssel, um ihre Mitteilung verstehen zu können.
Nun ließ mich der Gedanke nicht mehr los, daß diese Träume eine Botschaft an mich enthielten, daß sie mich auf etwas aufmerksam machen und mir helfen wollten. Als ich eines Tages durch die Stadt ging, fiel mein Blick auf ein Plakat mit der Überschrift: »Träume als Wegweiser«.
Auf dem Plakat wurde zu einem Traumseminar eingeladen. Ich las den Text aufmerksam durch, und mir schien, als werde das Seminar eigens für mich angeboten. Zu

Hause schickte ich sofort meine Anmeldung ab und wartete tagelang ungeduldig auf eine Bestätigung.
Als ich endlich die Zusage in den Händen hielt, stieg eine stille Freude in mir hoch. Ich hatte das Gefühl, daß sich mir in dem Seminar neue Räume auftun würden. Heute bin ich überzeugt, daß mir die hübschen, unbekannten Dachstübchen, von denen ich geträumt hatte, solche neuen Räume im übertragenen Sinn ankündigen wollten. Auch das Suchen in den Keller- und Wohnräumen bedeutete anscheinend, daß ich dabei war, in meinem Unterbewußten und überhaupt in meinem Leben neue Dinge zu entdecken.
Ich fuhr sehr gespannt nach V., wo das Seminar stattfinden sollte. Wir waren zwanzig Teilnehmer, hauptsächlich Frauen. Die Seminarleiterin und der Referent forderten uns in einer Einführung dazu auf, eigene Träume in das Seminar einzubringen. Diese würden dann gemeinsam gedeutet. Jeder solle aber auch eine Grenze bestimmen, inwieweit er den anderen Teilnehmern Zugang zu seinen Träumen ermöglichen wolle.
Ich werde mich hüten, die anderen an mich heranzulassen! dachte ich. Ich will mir nur anhören, was sie erzählen und wie ihre Träume gedeutet werden. Dann kenne ich das Rezept, habe den Schlüssel zu meinen eigenen Träumen und kann mit ihnen besser umgehen!
Den ganzen Nachmittag über blieb ich verschlossen. Erst am späten Abend kam ich beim gemütlichen Beisammensein mit einer etwas älteren Dame ins Gespräch. Da sie mir ungeniert von sich erzählte, wagte auch ich es, etwas von mir preiszugeben. Im großen Kreis aber – so nahm ich mir vor – wollte ich am nächsten Tag weiterhin die stumme Zuhörerin spielen.
Noch in derselben Nacht sollte sich meine Meinung

jedoch gehörig ändern, denn ich hatte folgenden Traum: Wir alle – die Teilnehmer des Seminars – schliefen in einem großen Saal. Plötzlich sprang eine Frau auf und rief: »Los, aufstehen! Wir gehen jetzt und bringen der Seminarleiterin ein Ständchen!« Ich sah, wie alle aufstanden, drehte mich auf die andere Seite und dachte: Wenn die alle weg sind, kannst du in Ruhe weiterschlafen! Doch daraus wurde nichts. Ein Kind kam an mein Bett, das eine ähnliche Frisur trug wie die Dame, mit der ich am Abend zuvor ausführlicher gesprochen hatte. Es schlug meine Decke zurück und drängte: »Hey! Alle müssen mit!« Ich gehorchte.
Dann wechselte die Szene: Ich befand mich mit zwei anderen Frauen aus dem Seminar auf der Straße, und wir stiegen in ein Auto ein. Wir wollten zu dem Mann fahren, den ich heiraten sollte. Da sagte ich: »Wenn der mich heiraten will, dann brauchen wir doch nicht zu ihm zu fahren. Dann kann er doch hierherkommen!« Darauf meinte eine von den beiden anderen: »Wenn der hierherkommt, hast du keine Chance, weil hier so viele Frauen sind!«
Man hatte uns im Seminar geraten, unsere Träume unmittelbar nach dem Aufwachen niederzuschreiben. Ich tat es. Nach dem Frühstück traf man sich zur ersten großen Traumrunde. Munter erzählten die ersten drauflos.
Unter der Anleitung des Referenten, wagten einige Teilnehmer, Deutungsversuche vorzutragen. Am Vortag hatte er uns erklärt, daß man die beste Deutung allerdings nur selbst finden könne, da man die Zusammenhänge selber am besten durchschaue. Was andere vorbrächten, seien lediglich Angebote. Der Träumer müsse selber entscheiden, ob ihm das etwas sage oder nicht.

Zögernd meldete ich mich zu Wort und erzählte meinen Traum. Schon während ich darüber berichtete, wurde mir mehreres klar. Ich wartete die Deutungsversuche der anderen ab, wußte aber gleichzeitig, daß sie den Traum gar nicht richtig deuten konnten, denn keinem war bekannt, mit welchem Vorsatz ich mich Tags zuvor zu ihnen gesellt hatte.

Deshalb entschloß ich mich ziemlich schnell, die Deutung selber vorzunehmen: »Erstens: Ich wollte weiterschlafen, als die anderen aufstanden. Der Traum spiegelt genau die Haltung wider, die ich in der Realität eingenommen hatte: Ich wollte in dieser Runde selber gar nichts sagen, nur zuhören und die anderen reden lassen. Zweitens: Im Traum weckt mich eine Teilnehmerin und wendet sich ganz bewußt an mich. Das greift meine Situation von gestern abend auf, als ich persönlich angesprochen worden bin. Drittens: Ich glaube, der Traum gibt mir sogar eine Anleitung, wie ich mich verhalten soll, um möglichst großen Nutzen aus dem Seminar zu ziehen: Selber etwas tun, mich öffnen, aus mir herausgehen und sprechen, nicht abwarten, bis jemand auf mich zukommt. Sonst habe ich keine Chance, weil wir hier so viele sind!«

Kaum hatte ich geendet, war der Bann für mich gebrochen. Von da an arbeitete ich sowohl in den Kleingruppen mit jeweils fünf Teilnehmern als auch im großen Kreis lebhaft mit.

So wie mir dieser Traum gezeigt hatte, was ich tun sollte, so erkannte ich bald auch in meinen anderen Träumen den Weg, den ich einschlagen sollte. Im Traum hatte ich bereits gelernt, daß ich sowohl meine Ehe als auch andere Probleme – beides versinnbildlicht durch den schwarzen Hund – in den Griff bekommen mußte.

Seitdem habe ich einige Aufbaukurse mit wachsendem Erfolg und großer Begeisterung besucht. Dabei ist mir aufgefallen, daß die meisten Teilnehmer Frauen zwischen fünfundvierzig und fünfundfünfzig sind. Was lockt gerade diese gesellschaftliche Gruppe in die Traumseminare?
Ich glaube, daß es diesen Frauen ähnlich wie mir ergangen ist. Sie befanden sich in einer Lebenskrise und wußten nicht weiter. Entweder gab es Schwierigkeiten mit den pubertierenden Kindern, mit der Schwiegermutter oder am Arbeitsplatz. Die Frauen fühlten sich mit ihren Problemen alleingelassen und hatten niemanden, mit dem sie darüber sprechen konnten.
Mit dem eigenen Mann ist das so eine Sache: Das Thema »Schwiegermutter« ist beim Ehemann meist tabu, und was die anderen Sorgen betrifft, ist es doch so, daß ein Mann, wenn er beruflichen Ärger hat, sein Herz selbstverständlich zu Hause ausschüttet und die Frau ihm dann zuhört, ihn beruhigt, ihn tröstet und aufrichtet. Wagt es die Frau hingegen einmal, über ihre Schwierigkeiten zu sprechen, ignoriert sie der Mann meist oder zieht sie ins Lächerliche. Nach dem Motto: Du mit deinen Problemchen — komm erst mal in meinen Betrieb!
Der Effekt ist, daß die Frauen mit ihrer Frustration allein gelassen werden. Da hilft es einem auch nur wenig weiter, wenn man sich klarmacht, daß man in der Lebensmitte tapfer, stark und unerschöpflich zu sein hat. Man selber hilft und tröstet, doch von wem bekommt man selber Hilfe und Trost? Dabei fühlt man sich oft genug erschöpft, schwach und mutlos!
Die unbewältigten Probleme drängen durch intensive Nachtträume ans Tageslicht. Wenn eine Frau in dieser Situation dann ein Angebot über ein Traumseminar ent-

deckt, erhofft sie sich von dieser Seite Hilfe. Natürlich hat man solche Träume in allen Lebensaltern, und die Seminare könnten einem in jedem Lebensabschnitt helfen. Aber in jungen Jahren ist man noch zu sehr mit der Kindererziehung, Wohnung, Karriere oder einem Eigenheim beschäftigt, als daß man Zeit hätte, seinen Träumen nachzuhängen und nach Deutungen oder Lösungen zu suchen. In anderen Worten: Man hat in jungen Jahren noch andere Träume, die man verwirklichen will und an die man glaubt.
Jenseits der Vierzig beginnt man hingegen, so manchen Traum zu begraben. Bis dahin hatte man geglaubt, alles werde eines Tages besser, irgendwie von außen her.
Bis zum fünfundvierzigsten Lebensjahr sollte man sich jedoch endgültig klargemacht haben, daß von außen her gar nichts geschieht, sondern eine innere Wandlung vollzogen werden muß. Wir selber müssen unsere Einstellung ändern! Von anderen können wir nichts erwarten. Wir müssen uns nehmen, was uns zusteht – vor allem etwas Zeit für uns ganz allein.
Judith kam diese Erkenntnis mit sechsundvierzig Jahren. Ein Traumseminar bestärkte sie darin, der Erkenntnis die Verwirklichung folgen zu lassen.
Judith hatte geträumt, daß sie mit ihrem Enkelkind und ihren Töchtern sehr beschäftigt war. Nachdem sie im Garten gearbeitet hatte, mußte sie mit einer ihrer Töchter in die Stadt gehen, um eine Uhr zu kaufen. Auf dem Weg zum Uhrengeschäft kam ihnen ständig etwas dazwischen. Endlich gelang es ihnen, in den Laden einzutreten, doch die Uhr konnten sie dennoch nicht kaufen, da sich ständig jemand vordrängelte. Schließlich verließ Judith mit ihrer Tochter das Geschäft ohne Uhr.
Das Deutungsgespräch im Traumseminar ergab, daß

Judith unter Zeitnot litt. Sie ließ es zu, daß ihre Zeit von vielen Dingen, die sie nicht abschütteln konnte, aufgefressen wurde.
»Mein Tag müßte zwei bis drei Stunden mehr haben!« seufzte sie. »Dann bliebe auch noch etwas Zeit für mich übrig.«
Hin und wieder stahl sich Judith mit schlechtem Gewissen etwas Zeit, etwa um mit ihrem Mann am Wochenende mal einen Ausflug zu machen. Sie versuchte sich anzugewöhnen, keine Gewissensbisse zu bekommen, wenn die ungeputzten Fenster sie nach ihrer Rückkehr vorwurfsvoll anzublicken schienen. Schließlich gelang es ihr, ihr schlechtes Gewissen zu verdrängen, indem sie sich sagte, daß sie auch mal was für sich tun mußte.
Die Uhr, die Judith im Traum gesucht hatte und kaufen wollte, aber nicht finden konnte, war mit Sicherheit eine Uhr, die jeden Tag statt vierundzwanzig sechsundzwanzig Stunden anzeigte. Der Traum wollte ihr klarmachen, daß sie eine solche Uhr nirgendwo würde kaufen können. Die Stunden, die ihr fehlten, mußte sie von woanders abziehen.

Gisela war vierzig, als ich sie auf einem Sterbeseminar kennenlernte. Sie hatte sich zu diesem Kurs angemeldet, weil sie als Krankenschwester in einer gemeindeeigenen Sozialstation oft mit dem Tod und dem Sterben konfrontiert war. Sie fühlte sich den Sterbenden gegenüber ebenso hilflos wie gegenüber deren Angehörigen. Sie wirkte traurig und niedergedrückt, so als belaste sie außer ihrem Beruf auch noch etwas anderes.
Ich fühlte mich zu ihr hingezogen und fing ein Gespräch mit ihr an. Sie öffnete sich nicht leicht. Ich erfuhr von ihr

nur andeutungsweise, daß ihr Elternhaus, ihr Ehemann und ihre Kinder weitere Belastungspunkte darstellten.
Als wir uns auf einem zweiten Sterbeseminar wiederbegegneten, wurden unsere Gespräche offener. Ich erkannte, daß sie sich von ihren Pflichten erdrückt fühlte und es keine Ausblicke oder Freuden gab, an denen sie sich hochziehen konnte. Ich erzählte ihr von den Traumseminaren, mit denen ich so gute Erfahrungen gemacht hatte.
So kam es, daß wir uns bald auf einem Traumseminar wiedersahen. Gisela nahm so viel Kraft und Schwung davon mit in ihren Alltag, daß ihr ihr Leben wieder leichter und lebenswerter erschien.
Kaum bot sich die nächste Gelegenheit, da meldete sie sich wieder zu einem Traumseminar an, auf dem wir uns erneut trafen. Man sah Gisela an, daß ihr Selbstbewußtsein und ihre Lebensfreude gewachsen waren, und sie bestätigte es. Bei den Traumseminaren werden nicht nur Träume erzählt und gedeutet, sondern man bespricht und betrachtet auch Bilder. Meditationsübungen, Wiegetänze und Rollenspiele dienen als Auflockerung, wenn man vom langen Sitzen steif geworden ist. Sie bringen zusätzlich Saiten in uns zum Schwingen, die durch das bloße Wort nicht berührt werden. Der Seminarleiter schlug vor, eine Szene aus Giselas Traum zu spielen. Die Teilnehmer breiteten eine Decke auf dem Boden aus, und Gisela legte sich darauf. Dann griffen sich alle einen Zipfel der Decke, hoben sie etwas hoch und wiegten Gisela in der Luft sachte hin und her. Dabei sangen oder summten alle ein Wiegenlied und trugen Gisela anschließend einmal um den Raum.
Zugegeben, anfangs hielt ich die Übung für Blödsinn.

Das einzig Gute daran war, daß unser Kreislauf wieder in Schwung kam.
Als sich Gisela jedoch mit einem entspannten und zufriedenen Gesichtsausdruck von ihrer Decke erhob, änderte ich meine Meinung. Sie beschrieb uns die Empfindungen, die sie während des Spiels gehabt hatte: »Durch das Wiegen habe ich mich ganz leicht gefühlt, so viel Schweres fiel von mir ab. Es tat unglaublich gut, von euch allen getragen zu werden, und ich hatte noch nicht einmal ein schlechtes Gewissen, daß ich euch mit meinem Gewicht belastet habe. Im Gegenteil, ich wurde richtig egoistisch und genoß es, daß man etwas für mich tat.«
Was Gisela erzählt hatte, überzeugte mich davon, daß man durch körperliche Erfahrung schneller etwas lernen kann als durch tausend Worte.
Wir hatten Giselas Selbstbewußtsein gestärkt. Sie, die immer demütig für andere dagewesen war, erkannte: Ich bin auch jemand, für den man mal etwas tun kann! Ich brauche auch kein schlechtes Gewissen zu haben, wenn ich das annehme. Ich darf das genießen, und ich bin nicht weniger wert als andere.
Das schöne Gefühl, von einer Gruppe getragen zu werden, hatte ich im übertragenen Sinn selber auch schon erfahren. Nun hatte ich es live miterlebt. Ich hatte aktiv daran teilgenommen und fühlte mich von da an in unserer Gruppe noch wohler und geborgener.
Zu Beginn unseres Seminars hatte die Leiterin Bilder im DIN-A4-Format auf dem Boden ausgebreitet. Jede Teilnehmerin hatte sich eines ausgesucht und sprach nun darüber, was sie für Empfindungen mit dem Bild verband.
Ich hatte ein Bild ausgewählt, auf dem eine alte Mauer zu sehen war, aus der ein von Blüten übersätes Bäumchen wuchs. Mich hatten besonders die Gegensätze alt –

jung, leblos — lebendig, künstlich aufgeschichtet — natürlich wachsend angezogen. Die Einheit und Harmonie, die diese Gegensätze bildeten, berührten mich. Wahrscheinlich schwang dabei auch der Gedanke mit, daß aus mir, obwohl ich alt bin, noch Neues erwachsen oder erblühen kann.

Als ich wieder an die Szene mit Gisela dachte, die wir alle durch den Raum getragen hatten, tat sich mir in dem Bild eine weitere Dimension auf: Die Mauer konnte auch ein Sinnbild sein für das, was fest zusammenhält und in der Lage ist, etwas zu tragen. Das Bäumchen steht zwar ganz am Rande, ist aber trotzdem sicher, weil es in einer Gruppe von Steinen wurzelt. Es besteht keine Gefahr, daß es abstürzt, dachte ich. Die Mauer wurde zum Symbol für die Tragfähigkeit einer Gruppe.

Anfangs wunderte ich mich noch, daß kaum Männer und ältere Frauen in die Traumseminare kamen. Was die älteren Frauen betraf, dachte ich mir, daß sie entweder resigniert hätten oder von ihren Enkeln völlig in Beschlag genommen wurden. Vielleicht erfuhren sie einfach auch nichts von der Existenz solcher Seminare. Viele von ihnen sind wohl inzwischen auch zu träge geworden, um ihre vier Wände zu verlassen.

Warum aber sieht man so gut wie keinen Mann in den Traumseminaren? Logisch: Männer verwirklichen sich ihre Träume weitgehend. Sie bauen das Haus, von dem sie träumen, sie üben die Sportart aus, von der sie träumen, sie haben ihre Herrenabende, gehen kegeln, spielen Skat oder haben ganz einfach ihren Beruf. Das alles erfüllt sie.

Vielleicht haben Männer auch weniger Sinn für die Beschäftigung mit dem Unterbewußtsein, die in den Traumseminaren praktiziert wird. Sehr wichtig ist für sie aber auch bestimmt, daß sie ihre Frau haben, bei der sie ihren Frust abladen können. Ich will das hier nicht weiter ausführen, sondern an dieser Stelle auf das Buch »Männer lassen lieben« von Wilfried Wieck verweisen, der in seinem überraschend ehrlichen Bekenntnis auch auf diesen Aspekt näher eingeht.

Wer Lust hat, an einem Traumseminar teilzunehmen, kann sich an eine Volkshochschule wenden oder sich bei den örtlichen und kirchlichen Bildungsträgern über geplante Traumseminare informieren. Weitere Anknüpfungsmöglichkeiten finden Sie am Ende dieses Buchs unter »Kontaktadressen«, Stichwort: »Traumseminare« (Punkt 4.).

Sterbe- und Trauerseminare

Auf meinem ersten Traumseminar hörte ich zwischendurch einmal das Wort »Sterbeseminar« fallen. Es sprach mich so wenig an, daß ich nicht einmal nachfragte, was das eigentlich sei. Doch auf meinem zweiten Traumseminar wurde wieder davon gesprochen. Inzwischen hatte ich mich schon mehr auf die Materie eingelassen und fragte wenigstens, worum es sich dabei handelt. Ich erfuhr, daß es in Sterbeseminaren um das eigene Sterben und um den Umgang mit Sterbenden und Hinterbliebenen gehe. Ich war zwar immer noch nicht sonderlich interessiert, nahm aber zumindest ein Anmeldeformular mit und legte es zu Hause auf meinen Schreibtisch.
Ein paar Wochen später fiel es mir wieder in die Hand. Erst jetzt las ich es richtig durch. Sterben ist das einzig Sichere im Leben, dachte ich. Das kommt ganz bestimmt! Wie lange ich wohl noch bis dahin habe? Es könnten noch gut dreißig Jahre sein! Es könnte allerdings auch schon sehr bald sein ... Vielleicht morgen? Jeden Tag sterben Menschen, einige sogar sehr jung. Man ist in keinem Alter davor sicher, und es kann eigentlich nicht schaden, wenn man sich auf diesen großen, wichtigen und unausweichlichen Schritt vorbereitet hat. Schließlich trifft man auch für andere, völlig nebensächliche und unwichtige Dinge Vorkehrungen. Außerdem sollte man den Umgang mit Sterbenden lernen. Wie bald könnte ich in die Situation geraten, einen Sterbenden zu

begleiten! Wie hilflos war ich zum Beispiel, als mein Bruder damals im Sterben lag! Und meine Mutter geht auf die achtzig zu. Wenn sie stirbt, will ich nicht mehr so ganz ahnungslos sein!
Die Anmeldefrist zu dem Sterbeseminar war noch nicht verstrichen. Kurzentschlossen schrieb ich mich ein.

Die Teilnehmerschaft des Seminars bestand aus Krankenschwestern und Altenpflegerinnen, die den Umgang mit Sterbenden von Berufs wegen lernen wollten, sowie aus Frauen meines Alters. Wir machten den größten Teil aus, wobei die Älteste Anfang sechzig war.
Abgesehen vom Seminarleiter nahm kein einziger Mann am Seminar teil. Ist Sterben Frauensache? Beschäftigen sich Männer nicht mit dem eigenen Tod? Glauben sie, daß sie länger leben, wenn sie Augen und Ohren davor verschließen? Sterbebegleitung – das überlassen die Männer den Frauen. Gefühlsangelegenheiten gehören sowieso zu den unangenehmeren Dingen im Leben und sind Frauendomäne.
In der Vorstellungsrunde erfuhr ich, daß die Frauen meines Alters exakt die gleichen Motive in das Seminar geführt hatten, wie mich: Ihnen war plötzlich bewußt geworden, daß auch sie jederzeit sterben können. Ein paar Gleichaltrige waren bereits aus ihrer Mitte gerissen worden.
Außerdem sahen sie die Aufgabe auf sich zukommen, alte Angehörige wie die Eltern, die Schwiegereltern oder alleinstehende Onkel und Tanten auf dem letzten Stück ihres Lebensweges zu begleiten.
Wir arbeiteten so intensiv und hingebungsvoll, daß wir jedesmal überrascht aufhorchten, wenn der Gong zur Essenszeit schlug.

Ich trat den Heimweg mit dem Gefühl an, innerlich um vieles reicher geworden zu sein, und ich glaube, den anderen erging es ähnlich. Von da an lebte ich intensiver, konnte mich an mehr Kleinigkeiten erfreuen und stand Problemen gelassener gegenüber. Ich zeigte jetzt mehr Verständnis für meine Mitmenschen und konnte mit trauernden Angehörigen unbefangener reden.

Es ist übrigens nicht so, daß man auf Sterbeseminaren nur über vorgegebene Themen sprechen muß. Es bieten sich viele Möglichkeiten zu individuellen Gesprächen während der Mahlzeiten, beim Spaziergang in den Mittagspausen oder abends beim gemütlichen Beisammensein an.

Es wird über alle möglichen Dinge geredet. Insbesondere natürlich über solche, die man im Alltag mit niemandem besprechen kann oder möchte. Gerade dieser ganz private Gedankenaustausch vermag es, einem bei der Bewältigung des Lebens zu helfen.

Auch wenn man gerade einen schweren Verlust erlitten hat, kann einem ein Sterbeseminar große Dienste erweisen. Sofies Beispiel hat uns gezeigt, daß eine Gemeinschaft durchaus in der Lage ist, mit dem Betroffenen Trauerarbeit zu leisten. Schon das aufmerksame Zuhören bedeutet für einen Trauernden eine wertvolle Hilfe. Die Worte des Trostes, das Mitgefühl der anderen und die Erfahrung, daß andere ähnlichen Kummer haben, tun ein übriges.

Es gibt auch spezielle Trauerseminare, in denen die Teilnehmer solche und ähnliche Lebenssituationen aufarbeiten: Traurigkeit befällt uns nicht nur, wenn ein geliebter Mensch stirbt, sondern etwa auch bei einer Scheidung, beim Auszug der Kinder aus dem Elternhaus oder beim Wegzug eines nahestehenden Menschen.

Die alte Weisheit »Geteiltes Leid ist halbes Leid« bewahrheitet sich in Sterbe- oder Trauerseminaren in abgewandelter Form: »Mitgeteiltes Leid ist halbes Leid«!

Freiwillige Krankenpflege

Ende der sechziger Jahre besuchte der damalige Bundesaußenminister Gerhard Schröder in Begleitung seiner Frau Brigitte die USA. Während er den Staatsgeschäften nachging, besuchte sie die Krankenhäuser vor Ort. Dabei lernte sie die sogenannten »Pink Ladies« kennen, eine amerikanische Vereinigung freiwilliger Helferinnen, die es sich zur Aufgabe gemacht haben, Patienten in Krankenhäusern zu besuchen.

Brigitte Schröder war von den Aktivitäten der »Pink Ladies« so beeindruckt, daß sie 1969 in der Bundesrepublik eine ähnliche Einrichtung gründete, die Evangelische Krankenhaus-Hilfe (EKH), deren Bundesvorsitzende sie noch heute ist. Als Arbeitsgemeinschaft ist die EKH dem Diakonischen Werk angeschlossen.

Wenig später wurde auf den deutschen Caritas-Konferenzen auch ein Konzept für die Katholische Krankenhaus-Hilfe entwickelt, wobei die Anregungen der EKH sehr hilfreich waren.

Die zwei Organisationen haben ähnliche Ziele, arbeiten eng zusammen und sind äußerlich kaum zu unterscheiden.

Die Mitglieder beider Vereine tragen bei ihren Krankenhausbesuchen in fast allen Kliniken grüne Kittel, damit Außenstehende das Pflege- vom Besuchspersonal unterscheiden können und damit den hygienischen Anforderungen Genüge getan wird. Wegen ihrer Kittel werden die freiwilligen Helferinnen vielerorts kurz »die grünen Damen« genannt.

Ein gewisser Unterschied besteht darin, daß die EKH vor allem evangelischen Krankenhäusern ihren Dienst anbietet, während der Wirkungskreis der Katholischen Krankenhaus-Hilfe primär aus katholischen Krankenhäusern besteht.

Beide Dienste stehen jedoch auch allen anderen Krankenhäusern, Alten- und Pflegeheimen zur Verfügung, und in beiden Organisationen sind Mitglieder beider Konfessionen willkommen. Um die gemeinsamen Ziele, die beide Organisationen miteinander verbinden, bereits im Namen auszudrücken, stößt man gelegentlich auch auf die Bezeichnungen »ÖKH« (Ökumenische Krankenhaus-Hilfe) oder »CKH« (Christliche Krankenhaus-Hilfe).

Grundsätzlich haben es sich alle Krankenhaushilfen zur Aufgabe gemacht, Patienten zu besuchen und ihnen die psycho-soziale Betreuung zu geben, für die dem Krankenhauspersonal meist keine Zeit bleibt.

Mitglied werden kann jede erwachsene Person, die diesen ehrenamtlichen Dienst in christlicher Mitverantwortung tun will und über eine stabile Gesundheit verfügt. Die meisten Mitglieder sind Frauen zwischen vierzig und sechzig Jahren, die aus verschiedenen sozialen Schichten kommen.

Jüngere Personen trifft man selten an. Dafür bleiben diejenigen, die sich zu diesem Dienst einmal entschlossen haben, ihrer Aufgabe meist treu — bis sie ihr eigenes Alter, eine Krankheit oder die Betreuung eines nahen Angehörigen zum Ausscheiden zwingt. Das führt dazu, daß sogar noch siebzig- bis achtzigjährige Frauen im Besuchsdienst tätig sind.

Normalerweise ist jede »grüne Dame« eine Einzelkämpferin, die von ihren Mitarbeiterinnen nichts hört oder sieht. Aus diesem Grund gibt es einmal im Monat eine Zusammenkunft aller »grünen Damen« eines Krankenhauses oder Altersheims: Man legt den Dienstplan für den nächsten Monat fest, tauscht Erfahrungen aus und pflegt die Geselligkeit. Jede »grüne Dame« kommt an einem festgelegten Wochentag für eine bestimmte Anzahl von Stunden auf die ihr zugewiesene Station, wo sie jeden Patienten besucht. Es kommt selten vor, daß ein Patient sie abweist. Die meisten nehmen ihren Besuch gerne an. Die »grüne Dame« unterhält sich mit ihnen, hört ihnen zu, tröstet sie, liest ihnen etwas vor, fährt oder führt sie in den Krankenhausanlagen spazieren und erledigt die eine oder andere kleine Besorgung für sie.
Einige Häuser verfügen über mobile Bibliotheken, die von dem Besuchsdienst verwaltet werden. Eine der Betreuerinnen fährt dann mit einem Bücherwagen von Zimmer zu Zimmer, und die Patienten können sich unentgeltlich Bücher bei ihr ausleihen.
Bevor eine »grüne Dame« ihren Besuchsdienst zum erstenmal antritt, wird sie von Seiten des Krankenhauses über gewisse Regeln unterrichtet. So unterliegt jede »grüne Dame« der Schweigepflicht, was die Patienten auch wissen – sonst könnten sie ihr nicht spontan vertrauen. Außerdem darf sich keine der Damen eine pflegerische oder medizinische Tätigkeit anmaßen.
Einige Krankenhäuser bieten ihren freiwilligen Helferinnen hin und wieder Fortbildungsveranstaltungen oder Vorträge an, die von einem Arzt, einer Krankenschwester, aber auch von einem Juristen oder einer Sozialarbeiterin gehalten werden.

Grundsätzlich sind die organisierten Besuchsdienste eine ausgezeichnete Einrichtung, die sowohl den Patienten als auch dem Krankenhauspersonal als auch den »grünen Damen« selber sehr zugute kommen.
In erster Linie geht es natürlich um die Patienten: Sie fühlen sich durch den Besuchsdienst in einer schwierigen Situation nicht alleingelassen, finden ein offenes Ohr für ihre Alltagssorgen und können sich auch einmal über größere Probleme mit jemandem aussprechen. Auf diese Weise schaffen die »grünen Damen« den Patienten Erleichterung und helfen ihnen in mehrfacher Hinsicht.
Gewiß, solche Krankenhausbesuche können zuweilen sehr anstrengend werden. Es gibt Einzelfälle, in denen eine Frau ihren Dienst freiwillig wieder aufgibt, weil sie sich ihm nicht mehr gewachsen fühlt. Das sind häufig Frauen, die seit kurzer Zeit verwitwet sind und in dieser Tätigkeit eine neue Lebensaufgabe suchen, sich damit aber selber überfordern. Oft sind sie, wenn sie von einem Besuchsnachmittag nach Hause kommen, durch das Leid der Patienten tief erschüttert und können ihrem Herzen bei niemandem Luft machen. Ihnen fehlt einfach jemand, mit dem sie ihre Erlebnisse aufarbeiten können. Die meisten von uns aber haben entweder zu Hause oder im Freundeskreis eine Person, mit der sie sich austauschen können. Das macht dann wieder Mut, sich für die Patienten zu engagieren und ihnen etwas Gutes zu tun.
Vielen genügt die monatliche Zusammenkunft, um über ihre Probleme zu sprechen. Man unternimmt gelegentlich auch etwas gemeinsam, zum Beispiel eine Busfahrt, eine Wanderung, einen Schwimmbadbesuch oder man belegt zusammen einen Kursus.
Es gibt viele Witwen, für die der Besuchsdienst ein wahres Lebenselixier ist. Sie suchen in dieser sozialen Tätig-

keit Trost und finden gerade aufgrund ihrer eigenen leidvollen Erfahrungen oft die richtigen Worte und einen ausgezeichneten Zugang zu den Patienten.
Aber auch andere Frauen in der Lebensmitte nehmen sich der beschriebenen Aufgaben an, um ihrem Leben wieder einen Sinn zu geben: Mütter, deren Kinder aus dem Haus sind, oder ledige Frauen, die eine neue Aufgabe suchen.
Es gibt unterschiedliche Wege, wie die Frauen zu der Tätigkeit im Besuchsdienst finden. Ich selber kam damit auf einem Sterbeseminar in Berührung. Andere hören davon zufällig im Krankenhaus, wenn sie gerade einen Angehörigen besuchen oder selber Patient sind. Wieder andere erfahren davon über eine Freundin oder Bekannte oder durch einen Aufruf in einem Kirchenblatt.
Frauen, die durch solche Aufrufe Mitglied bei den genannten Organisationen werden, gehen zunächst ganz selbstlos an ihre neue Aufgabe heran und haben nur die Absicht, anderen zu helfen. Sie erkennen erst später den großen Vorteil, den ihre Betätigung auch für sie selber hat.
In Bonn findet jedes Jahr im Oktober eine Hauptversammlung der EKH statt. Dazu entsendet jedes Krankenhaus, an dem ein Besuchsdienst tätig ist, zwei »Abgeordnete«. Es gibt Besuchsdienste, die immer nur zwei Vorsitzende entsenden, bei anderen wechselt man sich ab, so daß jedes Mitglied einmal an die Reihe kommt.
Auch die Katholische Krankenhaus-Hilfe organisiert jedes Jahr eine bundesweite Großtagung an wechselnden Orten. Daran nimmt meist die Vorsitzende eines jeden Teams teil, oder sie schickt eine Vertreterin.
Außerdem besuchen sich Vertreterinnen der EKH und

der Katholischen Krankenhaus-Hilfe auf ihren Jahrestagungen gegenseitig zwecks eines Informations- und Erfahrungsaustauschs.
Angespornt, innerlich bereichert und voller neuer Ideen kehren die entsandten »grünen Damen« von der Jahrestagung in ihren Wirkungsbereich zurück und berichten dem Rest ihres Teams von der Versammlung.

Städtepartnerschaften

Seit langem gehen immer mehr deutsche Städte und Dörfer zwecks Völkerverständigung und Friedenssicherung eine Partnerschaft mit einer etwa gleich großen europäischen Kommune ein. Viele unserer Gemeinden suchen sich eine Partnergemeinde in Frankreich. Ich selbst bin Gründungsmitglied einer Städtepartnerschaft, die nun seit achtzehn Jahren besteht.
An der Gemeindegrenze weist hierzulande meist ein Zusatzschild auf den ausländischen Ort hin, mit dem eine Partnerschaft gepflegt wird. Außer den vielen französischen Ortschaften kommen auch englische, holländische, italienische, jugoslawische, spanische, belgische und andere, neuerdings auch osteuropäische Namen vor. Große Städte unterhalten oft Beziehungen zu Städten in mehreren Ländern.
Auf diesem Gebiet kann sich jeder engagieren. Sie brauchen die Sprache des betreffenden Landes nicht zu beherrschen, um eine Städtepartnerschaft ins Leben zu rufen oder zu pflegen. Wenn Sie das interessiert, informieren Sie sich bei Ihrer Gemeindeverwaltung über den Stand der Städtebeziehungen und fragen Sie nach, für wann die nächste Aktivität geplant ist.
Unter Umständen werden Sie an einen eigens gegründeten Freundeskreis weiterverwiesen, der Fahrten in die verschwisterte Gemeinde und deren Besuche in Deutschland organisiert. Im Gastland werden Sie in Familien

untergebracht. Beim Gegenbesuch nehmen Sie dafür die Familie bei sich auf. Dort wie hier werden gemeinsame Veranstaltungen durchgeführt, die viel Freude machen, selbst wenn man sich nur mit Händen und Füßen, mit einem Lächeln oder einer Kopfbewegung verständigen kann. Noch mehr Spaß macht es natürlich, wenn Sie die Sprache des Partnerlandes beherrschen, aber vielleicht kann der Gast auch Deutsch, oder man unterhält sich in einer dritten Sprache.

Anläßlich der offiziellen Veranstaltungen und Besuche in der Partnergemeinde entwickeln sich fast automatisch persönliche Kontakte und Freundschaften. Sie fangen an, ihre Gastfamilie auch privat zu besuchen oder sie in Deutschland freundschaftlich als Gast zu empfangen, und man lädt sich gegenseitig zu Familienfeiern ein.

Darüber hinaus lernt man auch die Bürger der eigenen Stadt besser kennen. Bei den offiziellen Besuchen und Festlichkeiten sitzen Sie viele Stunden lang gemeinsam im Bus und nehmen auf der Hin- und Rückfahrt gemeinsam die Rastmahlzeiten ein. Auch bei den Veranstaltungen in der Partnergemeinde plaudert, tanzt und lacht man miteinander.

Sich in einer Städtepartnerschaft zu engagieren, ist gerade heute, wo sich viele Dörfer zu Großgemeinden zusammenschließen, eine gute Gelegenheit, um auch Menschen aus anderen Ortsteilen ihrer eigenen Stadt persönlich zu begegnen. Für Großstädter bietet es die Möglichkeit, trotz der sie umgebenden Anonymität Gleichgesinnte kennenzulernen.

Natürlich leben

Als ich die Begriffe »Biotrip« und »Körnerfrauen« zum ersten Mal hörte, wurde ich neugierig. Als ich herausgefunden hatte, was damit gemeint ist, spottete ich zunächst darüber. Das Ganze mündete in verhaltenes Mitleid.
Wer auf dem »Biotrip« ist, ernährt sich nach bestimmten Kriterien: Weißer Haushaltszucker ist verpönt, gesüßt wird fast gar nicht und wenn, dann mit Honig oder geringen Mengen braunen Zuckers. An die Stelle von Weißmehlerzeugnissen tritt ballaststoffreiches, oft selbstgebackenes Brot aus eigenhändig gemahlenem Getreide, das aus biologisch kontrolliertem Anbau stammt.
Ich fand heraus, daß die »Körnerfrauen« diese Ernährungsumstellung vornehmen, um dadurch etwas für ihre Gesundheit zu tun. Daß der Glaube Berge versetzt, steht schon in der Bibel, dachte ich damals und bemitleidete diese armen geplagten Hausfrauen, die nun zusätzlich zu ihrer vielseitigen Belastung auch noch Getreide mahlen und Brot backen mußten. Die gönnen sich nicht einmal die Freude, ein ordentliches Stück Torte, Schokolade oder Eis zu genießen, dachte ich.

Das liegt nun schon einige Jahre zurück. Heute glaube ich, daß ich damals eher mich selbst als die Körnerfrauen hätte bedauern sollen, denn ich habe viel kostbare Zeit verschenkt, in der ich bei etwas mehr Aufgeschlossenheit weniger gesündigt und mehr für meine Gesundheit getan hätte.

Statt dessen stopfte ich immer, wenn ich besonders frustriert oder gestreßt war, eine ganze Tafel Schokolade in mich hinein. Damit meine Zähne nicht zu sehr darunter litten, putzte ich sie mir hinterher sofort. Und damit meine Figur nicht darunter litt, verzichtete ich an solchen Tagen auf das Mittag- oder Abendessen.

Ich erinnere mich, daß ich schon im Alter von siebenundzwanzig Jahren, als wir unser Eigenheim bezogen und Ärger mit der Baufirma hatten, meinen Frust oft tagelang mit Schokolade zu vertreiben versuchte. Damals führte ich das Sodbrennen, die Kopfschmerzen und meine ständige leichte Übelkeit auf die Schwierigkeiten zurück, die wir damals auszufechten hatten. Heute glaube ich, daß es Mangelerscheinungen waren, die die einseitige, vitamin- und mineralstoffarme Ernährung ausgelöst hat.

Auch später gab es immer wieder Momente, in denen ich mich mit Süßigkeiten tröstete. Ich brauchte viele Jahre, um zu merken, daß der übermäßige Verzehr von Süßigkeiten bei mir zu Kopfschmerzen führte. Diese und noch andere Beobachtungen veranlaßten mich schließlich, mich mit der Vollwerternährung etwas intensiver zu beschäftigen.

Zum Beispiel: Ruth

Als Ruth vierzig wurde, fühlte sie sich rundum krank und elend – körperlich wie seelisch. Löste ihre schlechte körperliche Verfassung ihre Depressionen aus, fragte sie sich, oder riefen die Depressionen ihren schlechten Gesundheitszustand hervor?

Ruth wanderte von einem Arzt zum anderen und begab sich schließlich sogar für einige Wochen zu einer gründlichen Untersuchung in die Klinik. Nirgendwo konnte man ihr helfen.
Einige Zeit später wurde eine Geschwulst bei ihr entdeckt und entfernt. Dennoch ging es Ruth nicht besser. Sie sah weiterhin elend aus, magerte immer mehr ab und war kaum noch in der Lage, den Haushalt zu versehen.
Irgendwann kam sie auf die Idee, es mit einer Ernährungsumstellung zu versuchen. Sie strich den Zucker vom Speiseplan, kaufte beim Bauern Getreide und backte ihr eigenes Brot, baute Obst und Gemüse an, kochte ihre Marmeladen selbst und verbannte alle Konserven aus der Küche.
Ruth blühte zusehends auf. Vor einigen Wochen ist sie fünfzig Jahre alt geworden und wirkt frisch, dynamisch und glücklich.

Zum Beispiel: Sigrid

Sigrid ging es ähnlich wie Ruth. Als sie auf die vierzig zuging, verschlechterte sich ihr Allgemeinzustand rapide. Sie verspürte immer wieder leichte Übelkeitsanfälle und litt an Herzbeschwerden, Kopfschmerzen und einem Leberleiden.
Sigrid ließ sich von verschiedenen Ärzten untersuchen und erzielte vorübergehend auch eine leichte Besserung ihres Zustands. Aber von echter Heilung konnte keine Rede sein. Eines Tages gab sie sich einen Ruck und sagte sich: Ich kann nicht zulassen, daß ich bis ans Ende meiner Tage derart dahinsieche.
Kurz entschlossen begann sie, ihre Ernährung umzustellen. Ob sie einem ähnlichen Instinkt wie Ruth folgte,

oder ob ihr Entschluß durch logisches Denken reifte, weiß ich nicht. Jedenfalls konnte sie bald die gleichen Erfolge wie Ruth verbuchen: Sigrid wird dieses Jahr sechsundvierzig und ist munter wie der Fisch im Wasser. Sie steckt wieder voll Unternehmungsgeist und Energie. Ganz von alleine kam das natürlich nicht. Sigrid hat sich Bücher zum Thema Vollwerternährung gekauft und sich in Theorie und Praxis intensiv damit beschäftigt. Inzwischen hat sie sich darüber so umfangreich informiert, daß sie nicht nur sich und ihre Familie gesund ernährt, sondern ihr Wissen auch an andere weitergibt, indem sie an der Volkshochschule Kochkurse zur Vollwerternährung leitet. Diese Kurse werden vorwiegend von Frauen belegt, die Anfang vierzig sind und bereits erste gesundheitliche Probleme haben. Manche nehmen sogar auf Anraten ihres Arztes an Sigrids Kursen teil.
Ich selbst bin noch nicht soweit, daß ich mein Brot selber backe. Allerdings habe ich meinen Zuckerkonsum sowie die Verwendung von Weißbrot und Konserven aller Art in der Küche drastisch eingeschränkt.

Auf zu neuen Ufern!

Wie Sie sehen, gibt es viele Möglichkeiten zur Selbstverwirklichung und Optimierung unseres Lebens.
Möglicherweise habe ich Sie daran erinnert, etwas auszuprobieren, was Sie schon immer einmal vorhatten. Oder Sie haben etwas entdeckt, womit Sie noch nie in Berührung gekommen sind, und das Sie gerade deswegen reizt.
Wie auch immer: Werden Sie aktiv! Erkundigen Sie sich in Ihrem Wohnort oder in der nächsten Stadt, wo Sie wann mit wem die Dinge verwirklichen können, die Ihnen am meisten zusagen.
Ein altes Sprichwort besagt, daß jedem Anfang ein Zauber innewohnt. Lassen Sie sich von diesem Zauber einfangen und steuern Sie neue Ufer an!
Sie werden merken, wie Sie das verjüngt, wie Ihr Körper neue Elastizität gewinnt und Ihr Geist wieder auflebt.
Auch Ihr Aussehen wird sich dabei positiv verändern. Die neue Aufgabe wird Sie zufriedener machen, und ein zufriedenes Gesicht wirkt allemal jugendlicher und schöner als ein unzufriedenes und verhärmtes. Wer sich neue Ziele setzt, betreibt Kosmetik von innen und vermag es, sich in Harmonie mit sich selbst zu versetzen. Auf diese Weise läßt sich der innere Verfall aufhalten, und Sie bleiben noch dreißig Jahre jung.

Wenn Sie sich innerlich frisch fühlen, ist es gar nicht so schwierig, Alterserscheinungen in den Griff zu bekommen. Man muß es nur wollen und aktiv dagegen angehen. Wie Sie das verwirklichen können, beschreibe ich im nun folgenden Kapitel.

3.
Schönheits- und Körperpflege

Als ich vierzig Jahre alt wurde – vielleicht schon seit Mitte Dreißig – machte sich in mir die Angst vor dem Altwerden breit. Mit fünfzig, dachte ich, ist alles aus und vorbei! Dann kannst du nichts mehr erwarten und gehörst zum alten Eisen.
Heute muß ich darüber schmunzeln. Hier ein Tagebucheintrag, den ich mit einundvierzig Jahren schrieb: »In dem Buch ›Die Lehrerin‹ von Muriel Spark spricht die Autorin immer davon, daß sie sich in ihrer Blütezeit befindet – dabei war sie zu der Zeit so alt wie ich heute! Muriel Sparks Buch habe ich mit zwanzig gelesen, und ich kann mich erinnern, daß ich diesen Ausspruch damals sehr albern fand, weil ihre Blütezeit in meinen Augen schon längst vorbei war. Heute verstehe ich sie besser: Wenn man wirklich in seiner Blütezeit steht, merkt man das gar nicht, weil man viel zu beschäftigt ist – mit den kleinen Kindern, mit dem Beruf, mit dem Bau eines Hauses, der Einrichtung oder damit, Kontakte zu knüpfen und zu pflegen.
Dann aber, Anfang vierzig, wenn man beginnt zu verblühen, bildet man sich ein, in der Blütezeit zu sein. Dabei sieht man in Wahrheit doch schon den Herbst heraufdämmern! Ich will diese Zeit lieber nicht meine Blütezeit, sondern meine letzten guten Jahre nennen. Wie viele es wohl noch sein werden? Fünf, zehn? Ich wiege fünfundfünfzig Kilo, mein Busen ist noch fest und hängt

nicht. Wenn ich meinen Oberkörper im Spiegel mit dem meiner siebzehnjährigen Tochter vergleiche, sehe ich kaum einen Unterschied.
Weiter unten allerdings schon! Da haben die Jahre ihre Spuren hinterlassen ... Der entscheidende Unterschied aber liegt in dem Bewußtsein, daß ihr Körper noch schöner werden wird, während meiner nur noch abbauen kann. Noch habe ich alle Zähne im Mund, das finde ich wichtig. Meine Haare sind auch noch nicht grau. Einzelne Silberfäden kann ich mühelos verdecken. Mein Gesicht hat nicht viele Falten: Man schätzt mich in der Regel um fünf Jahre jünger. Meine Augen sind auch noch so gut, daß ich keine Brille brauche.«
So weit der Tagebucheintrag. Es fällt mir auf, daß ich mir ausschließlich um Äußerlichkeiten, um mein Aussehen und meine Attraktivität Gedanken gemacht habe. Doch einige Jahre später sollte eine bedeutend stärkere Angst hinzukommen: Die Angst vor dem körperlichen Verfall. Ich fürchtete mich davor, nicht mehr leistungsfähig zu sein, hilflos, krank und schwach zu werden. Zu der Angst vor körperlichen Gebrechen gesellte sich schließlich die Angst vor dem Nachlassen geistiger Kräfte.
In den nächsten Kapiteln möchte ich aufzeigen, wie ich meinen Ängsten begegnete und was bzw. wer mir dabei geholfen hat.

Die ersten grauen Haare

Mit den Haaren fängt für viele das Altwerden an. Man entdeckt im Spiegel das erste graue Haar, reißt es schnell aus und verdrängt den Vorfall verschämt. Ich schnitt mir jahrelang jedes graue Haar mit einer zierlichen Schere einige Millimeter über der Kopfhaut ab, weil ich einmal gehört hatte, daß für jedes ausgerissene graue Haar zwei nachwachsen, und daran glaubte.
Dennoch posaunte meine Tochter eines Tages beim Mittagessen heraus: »Mama, du kriegst ja graue Haare!« Trotz meines raffinierten und vorsichtigen Abschneidens, hatten sich an anderen Stellen vereinzelte graue Haare hervorgewagt. Ich hatte das Gefühl, schamrot zu werden, und fühlte mich, wie wenn mich jemand bei einem Unrecht ertappt hätte.
Nun mußte ein Tönungsshampoo her. Heimlich erstand ich eins im Supermarkt. In den langen Regalen konnte ich es anonym und sorgfältig auswählen. Ich wurde zwar nicht fachgerecht beraten, aber auf den Packungen standen genug Informationen.
Zu Hause wartete ich, bis mein Mann und meine Kinder weg waren. Dann machte ich mich ans Werk. Die Anwendung war einfacher, als ich vermutet hatte, und der Erfolg verblüffend. Meine »Schande« – das Altern – blieb nach außen hin verborgen.
Etwa alle vier Wochen mußte ich die Prozedur wiederholen. Dennoch blieb ich bei einer Tönung, da mir schon

meine Mutter — die selber ihre Haare seit Jahren tönte — eingeprägt hatte, daß das viel schonender fürs Haar und überhaupt weniger ehrenrührig sei, als sich die Haare zu färben.
Einige Jahre später sprach ich mit meinen ehemaligen Schulkameradinnen auf einem Klassentreffen über Frisurenprobleme und Haarfärbemethoden.
»Tönen hilft bei mir schon lange nicht mehr«, gab Lisa zum besten. »Ich färbe meine Haare schon seit fünf oder sechs Jahren.«
»Machst du das selbst?« fragte Marianne interessiert.
»Klar, ist doch kein Problem!«
»Bei mir schon. Ich hab nie den richtigen Farbton hingekriegt. Deshalb gehe ich regelmäßig zum Friseur und lasse es dort machen.«
»Ist das nicht sündhaft teuer?«
»Nein, da ich keine Dauerwelle habe, halten sich die Kosten in Grenzen.«
Ich staunte, mit welcher Selbstverständlichkeit wir darüber sprechen konnten. Von meiner Mutter hatte ich gelernt, daß graue Haare ein streng zu hütendes Geheimnis seien. Doch heute sind Probleme solcher Art kein Tabu-Thema mehr. In unserem kleinen Kreis, in dem jede das Alter der anderen kannte, wäre es ohnehin Unsinn gewesen, diese Dinge verschleiern zu wollen. Ich empfand es als äußerst angenehm, daß wir uns so frei darüber austauschten. Das baute Hemmungen und Ängste ab, gab uns mehr Selbstwertgefühl, und man konnte aus den Erfahrungen der anderen lernen.
Marianne erzählte uns, daß ihre Kinder und ihr Mann wußten, daß sie sich die Haare färbte. Ihr Mann brachte ihr sogar die Farbe aus dem Supermarkt mit.

»Mein Mann weiß nichts davon!« gab Ute daraufhin kleinlaut zu.
»So ein Quatsch!« entfuhr es Marianne. »Er weiß doch, wie alt du bist!«
»Das schon«, verteidigte sich Ute. »Natürlich weiß er, wie alt ich bin. Aber er weiß nicht, wie alt oder wie jung eine Frau in meinem Alter aussehen kann. Wenn ich graue Haare hätte, würde ich ihn mit der Nase darauf stoßen, daß ich nicht mehr ganz taufrisch bin. Deshalb sage ich ihm auch nichts davon!«
Die meisten von uns nickten zustimmend.

Die Brille

Das zweite verräterische Anzeichen fürs Älterwerden war bei mir das Nachlassen der Sehkraft. Die ersten Schwierigkeiten traten mit fünfundvierzig auf, und zwar nicht beim Zeitunglesen, das ich noch prima bewältigte, sondern beim Telefonbuch, dessen winzige Schrift ich jetzt verwünschte. Ich behob die Schwierigkeit zunächst mit Hilfe der Brille meiner verstorbenen Großmutter. Damit konnte ich das Telefonbuch wieder einigermaßen entziffern. Bald brauchte ich die Brille auch beim Einfädeln einer Nähnadel oder wenn ich die Nähmaschine benutzte. Schließlich benötigte ich sie sogar, um die Zeitung zu lesen, denn die Arme wurden zu kurz. Ich konnte das Blatt nicht mehr weit genug von mir halten.
Bald darauf hatte ich ein einschneidendes Erlebnis: Ich wollte mit dem Auto in eine mir unbekannte Gegend fahren. Vor der Fahrt nahm ich den Auto-Atlas zur Hand. Das war mein Glück. Hätte ich erst während der Reise danach gegriffen, wenn ich womöglich schon die mir vertrauten Gefilde verlassen hätte, dann wäre ich wohl hilflos durch die Gegend geirrt, denn ich konnte den Auto-Atlas nicht mehr entziffern!
Wieder nahm ich die Brille meiner Großmutter zur Hand. Doch jetzt half nichts mehr: Wenige Tage später verschwammen mir während einer Schulstunde wieder einzelne Buchstaben vor den Augen, obwohl ich meine Arme weit ausgestreckt hielt.

Nun mußte etwas geschehen!
Großmutters alte Brille konnte ich meinen Schülern unmöglich vorführen. Die hätten sich darüber schiefgelacht. So trat ich kurz vor meinem siebenundvierzigsten Geburtstag den schweren Gang zum Augenarzt an.
Ich erschien pünktlich zu meinem Termin und setzte mich ins Wartezimmer. Dann ging alles ganz einfach: Es tat nicht weh, war nicht zeitraubend, und niemand machte viel Aufhebens von der Untersuchung.
Wenig später stand ich mit dem Rezept des Augenarztes in einem Optikerladen. An den Wänden war ein Schaukasten neben den anderen mit verwirrend vielen Gestellen angebracht. Für welche Brille sollte ich mich entscheiden? Welche paßte zu meinem Gesicht?
Wahllos setzte ich ein Gestell nach dem anderen auf die Nase, blickte in den Spiegel und legte es wieder zurück. Hätte ich doch bloß jemanden mitgebracht! Was stand mir besser: ein heller oder ein dunkler Rand? Eine Brille aus Metall oder aus Kunststoff? Und wie wäre es ganz ohne Rand? Dann fiele meine Brille vielleicht weniger auf! Aber nein, eine Kollegin von mir, die Dauer-Brillenträgerin ist, hatte mir erzählt, daß man nur dann eine Brille ohne Rand wählen soll, wenn man sie dauernd trägt. Sonst werden die ungeschützten Gläser beim häufigen Auf- und Absetzen zu leicht beschädigt.
Ich setzte wieder ein Gestell mit einem hellen Rand auf. Eine helle Brille fällt bestimmt weniger auf als eine dunkle, dachte ich. Plötzlich sagte eine Stimme neben mir: »Die dürfen Sie nicht tragen. Zu ihrem Gesicht paßt besser eine mit dunklem Rand!«
Verdutzt sah ich auf. Neben mir stand eine Frau, die auch gerade Brillengestelle ausprobierte. Ich lächelte verlegen: »Meinen Sie? Wieso?«

»Weil Sie dunkle Augenbrauen und dunkles Haar haben«, erklärte sie. »Eine dunkle Brille unterstreicht Ihren Gesichtsausdruck, bei einer hellen würde er verblassen!«
Das klang logisch. Entschlossen setzte ich mir ein dunkles Gestell auf und blickte erwartungsvoll in den Spiegel. Ich staunte: Sie hatte recht! Ich betrachtete mich selbstbewußt.
»Danke, ohne Sie wäre ich gar nicht darauf gekommen!« sagte ich zu der hilfsbereiten Frau, die mir freundlich und zufrieden zulächelte. Erleichtert marschierte ich mit dem dunklen Gestell zum Optiker, reichte ihm das Rezept und erfuhr, daß ich in vierzehn Tagen die fertige Brille abholen könne.
Einen Tag nach meinem siebenundvierzigsten Geburtstag war es soweit. Die neue Brille war sozusagen mein eigenes Geburtstagsgeschenk.
Als ich sie zu Hause allein vor dem Spiegel ausprobierte, ergriff ich ein Buch und begann, darin zu lesen. Phantastisch! Wie mühelos das jetzt ging! Viel besser als mit Großmutters Brille. Ich war sehr froh, diesen Schritt endlich gewagt zu haben.
Meinem Mann und den Kindern gefiel die Brille. Mir fiel eine Zentnerlast vom Herzen! Nach den Sommerferien nahm ich am ersten Schultag meine Brille mit in die Klasse, setzte sie so unauffällig wie möglich auf und sah in mein Buch. Meine Schüler nahmen es wie selbstverständlich zur Kenntnis. Auch im Lehrerzimmer wurde bei unserer ersten Konferenz keine Andeutung und Frage diesbezüglich laut. So einfach war das also! Es war, als hätte ich schon immer eine Brille getragen. Ich hatte mir ganz umsonst so viele Gedanken gemacht.
Ich war überwältigt und glücklich. Wenn man eine Brille

braucht, dann trägt man eben eine – basta! dachte ich. Das ist nicht anders, als wenn man im Winter Handschuhe trägt. Niemand hält einen deswegen für alt. Inzwischen ist mir meine Brille richtig lieb geworden. Wenn ich etwas nicht deutlich sehe, setze ich sie auf, und schon kann ich alles klar erkennen! Eine phantastische Erfindung.

Künstliche Zähne

Ein weiteres untrügliches Anzeichen für das fortschreitende Alter ist der Verlust der Zähne. Welchen Horror hatte ich früher davor! Meine Mutter besaß, als sie Ende Vierzig war, keinen eigenen Zahn mehr und trug oben und unten eine Vollprothese. Auch andere Frauen in ihrem Alter zeigten damals beim Sprechen große Zahnlücken oder gar den zahnlosen Gaumen. Andere klapperten mit dem Gebiß.
Abgesehen davon, daß diese Frauen uralt wirkten, behinderten sie die Prothesen beim Sprechen und schränkten sie stark beim Essen ein: kein hartes Brot, nur weichgekochtes Fleisch, nichts Knuspriges. Nicht einmal in einen Apfel konnten sie beißen.
Früher hatte ich von meiner Mutter oft den Satz gehört: »Jedes Kind kostet seine Mutter einen Zahn.« Das erschien mir glaubhaft, erlebte ich doch ihre Nöte und Qualen mit, als sie im Alter von zweiundvierzig eine Brücke bekam. Zweifel kamen mir erst, als sie Ende vierzig ihren letzten Zahn verlor und nur sechs Kinder hatte.
Meine Mutter erklärte mir damals, daß wohl die mangelhafte Ernährung während des Ersten Weltkriegs für ihre schlechten Zähne verantwortlich war. Das leuchtete mir ein: Als der Erste Weltkrieg ausbrach, befand sich meine Mutter in der Phase des ersten Zahnwechsels. Daß bei Steckrüben, Graupen und Kartoffelbrot wichtige Aufbaustoffe fehlen, ist klar.

Daher beschloß ich für meinen Teil — ich war gerade siebzehn Jahre alt — mich ab sofort, und nicht erst wenn ich schwanger werden würde, gesund zu ernähren.
Ich setzte viel Quark, Vollkornbrot und Naturreis auf meinen Speiseplan. Das Milchtrinken schaute ich meinem Vater ab. Er besaß zu jenem Zeitpunkt, mit immerhin siebenundfünfzig Jahren, noch fast alle Zähne in strahlender Schönheit. Ob ein Zusammenhang mit dem Milchtrinken bestand? Schließlich hatte er auch den Ersten Weltkrieg erlebt, war bei Kriegsbeginn allerdings schon vierzehn Jahre alt gewesen. Er trank täglich einen Liter Milch, wohingegen meine Mutter nie Milch trank.
Als ich mit dreiundzwanzig Jahren erstmals schwanger wurde und mit fünfundzwanzig erneut, aß ich zusätzlich Kalktabletten. Besser, die Kinder zehren davon als von meinen Zähnen! dachte ich.
Trotzdem entdeckte der Zahnarzt bei jedem halbjährlichen Besuch kariöse Stellen. Es wurde gebohrt und plombiert.
Aber das war nicht das Schlimmste. Der Gedanke daran, daß ich bald keinen Zahn mehr ohne Füllung haben würde und daß der erste Zahn bald ausfallen konnte, jagte mir Angst ein. Als Kind und heranwachsendes Mädchen hatte ich meine Zähne nicht regelmäßig geputzt. Meine Eltern hatten bei sechs Kindern eher darauf geachtet, daß die Zahnbürste möglichst lange hielt und nicht so viel Zahnpasta verbraucht wurde.
Nun, da ich erwachsen war, leistete ich mir alle zwei Monate eine neue Zahnbürste, putzte mir die Zähne morgens und abends und probierte verschiedene Zahncremes aus. Dennoch war das viel zuwenig!
Durch zahnärztliche Aufklärungskampagnen im Fernsehen und in der Schule angeregt, kam mir eines Tages

die Idee, mir nicht vor, sondern nach dem Frühstück die Zähne zu putzen. So hatte die Karies bis zum Mittagessen keine Chance! Noch später kam mir die Erkenntnis: Du mußt dir auch nach dem Mittagessen die Zähne putzen. Dann hat die Karies auch bis zum Abend keinen Nährboden.

Da ich zu bequem war, mir öfter als dreimal am Tag die Zähne zu putzen, fielen jetzt alle kleinen Naschereien zwischendurch weg: Es gab für mich zwischen den Mahlzeiten keinen Tee mit Zucker, keinen Bonbon, kein Plätzchen und kein Lecken am Kuchenteig mehr. Das kam auch meiner Figur zugute.

Die konsequente Umstellung meiner Zahnpflegegewohnheiten zahlte sich aus: Beim nächsten Zahnarztbesuch wurde nicht das winzigste Löchlein gefunden. Ich triumphierte innerlich.

Noch heute konsultiere ich ein- bis zweimal im Jahr meinen Zahnarzt, doch er findet höchstens alle drei Jahre mal eine Kleinigkeit. Das gibt mir die Hoffnung, daß ich meine Zähne noch eine Weile behalten kann. Sollte ich eines Tages doch die Zähne verlieren, so brauche ich dennoch keine Angst mehr davor zu haben, zahnlos oder mit einem klappernden Gebiß herumlaufen zu müssen. Die Zahntechnik ist inzwischen so weit fortgeschritten, daß man praktisch für jeden Mund eine gut sitzende und funktionstüchtige Prothese anfertigen kann. Sie wird den natürlichen Zähnen so farb- und formähnlich nachgefertigt, daß sie kaum noch als Prothese erkennbar ist. Kurzum: Man sieht mit den dritten Zähnen heutzutage weder alt aus, noch hindern sie einem beim Sprechen oder Singen. Vor allem aber kann man weiterhin fast alles essen, was einem schmeckt und was für die Gesunderhaltung des Körpers notwendig ist.

Probleme mit der Figur

Von Kindesbeinen an hatte ich die Schreckensvorstellung, eines Tages alt und fett zu werden. Als Sechsjährige bekam ich in einem Bauernhaus zum erstenmal eine wirklich fette, völlig unbewegliche Person zu Gesicht. Als mein Bruder, der mich begleitete, und ich in die Bauernstube traten, rissen wir Mund und Augen auf: Eine entsetzlich dicke Frau hatte sich im Wohnzimmer auf zwei Stühlen niedergelassen und bewegte mit ihrem mächtigen Bein eine kleine Platte an einem Spinnrad, das sie vor sich hingestellt hatte und das sich im Vergleich zu ihrer Fülle winzig klein ausnahm. Die Frau wuchtete sich mühsamst hoch und schob ihre Körpermasse watschelnd vorwärts, um uns zu begrüßen.
Dieser seltsame Anblick hat mich so beeindruckt, daß ich mir vornahm, selber nie so fett zu werden. Schon in jenem zarten Alter empfand ich, daß man mit solch einem Körper zur Zielscheibe von Spott und neugieriger Gafferei wird.
»Mit vierzig geht man eben auseinander«, sagte mir viele Jahre später eine nicht gerade zierliche Kollegin entschuldigend. Ich war damals zweiundzwanzig, sie sechsundvierzig. »Ich esse fast gar nichts«, erklärte sie mir, »und gucken Sie mich an! Ich trage Kleidergröße 46. Früher habe ich auch 38 getragen — wie Sie!«
Ich war damals gerade bei der Kollegin zu Besuch, um bei ihr Maß für ein Fastnachtskostüm zu nehmen, das ich

ihr nähen wollte. Es ging auf vier Uhr nachmittags zu, und sie lud mich ein, zum Kaffee zu bleiben.
»Werktags habe ich keinen Kuchen im Haus«, meinte sie.
»Aber ein Marmeladenbrot ist doch auch etwas Feines!« Anstandshalber ißt du eine Schnitte mit! dachte ich und beobachtete, wie sie unbekümmert zwei Schnitten, dick mit Butter und reichlich Marmelade bestrichen, verzehrte. Sie forderte mich auf, mehr zu essen, doch ich lehnte dankend ab: »Nein, vielen Dank. Ich bin es nicht gewohnt, nachmittags etwas zu essen!« sagte ich.
»Ich brauch das!« antwortete die Kollegin. »Sonst halte ich nicht bis zum Abend durch!«
Wenige Monate später war ich anläßlich einer Familienfeier bei ihr zu Gast. Wieder beobachtete ich staunend, was meine Kollegin unter »fast gar nichts« zu verstehen schien: Auf meinem Teller lagen eine mittelgroße Kartoffel, ein kleines Stück Braten und reichlich Gemüse. Auf dem ihren drei mittlere Kartoffeln, ebensoviel Braten mit viel Soße und etwas Gemüse.
»Sie essen ja gar nichts!« rief sie besorgt. »Oder schmeckt es Ihnen nicht?« Und damit faßte sie gleich noch einmal nach. Bei der nachmittäglichen Kaffeetafel brachte sie es mühelos auf vier ansehnliche Tortenstücke.

Diese Beobachtungen verhalfen mir zu der Erkenntnis, daß Fettleibigkeit keineswegs das Schicksal der Vierzigjährigen, sondern eine Frage der Eßgewohnheiten ist. Damals nahm ich mir vor, mit sechsundvierzig immer noch Kleidergröße 38 zu tragen und 55 Kilo zu wiegen. Das ist mir natürlich nicht immer leichtgefallen. Ohne einen stahlharten Willen hätte ich es oftmals nicht geschafft, auf Eis, Schokolade, Pralinen, Kuchenstücke und Schlagsahne zu verzichten. Wagte ich es doch einmal, bei einer Festlichkeit ohne Rücksicht auf die Kalorien »zuzuschlagen«, dann mußte ich mich danach tagelang mit Knäckebrot, Quark und Obst kasteien, um mein Gewicht zu halten. Meinen Zähnen bekam das gut, denn Zucker ist ihr ärgster Feind. Gegen den Durst trank ich Mineralwasser, das dem Körper zusätzlich Mineralien zuführt. Die Flaschenetiketten enthalten eine Analyse, der man genau entnehmen kann, welche Mineralien mehr und welche weniger darin enthalten sind.

Sollten Sie bereits deutlich zugenommen haben, so ist es an der Zeit abzuspecken. Das lohnt sich, nicht nur aus ästhetischen Gründen. Rein praktisch gesehen, bringt Ihnen das finanzielle Vorteile: Ihre Kleidung ist billiger, sie sparen eine Menge Nahrungsmittel und Sie haben weniger Arztrechnungen, denn Ihrer Gesundheit kommt es auf jeden Fall zugute, wenn Sie Übergewicht vermeiden. Laut Statistik haben von allen Hundertjährigen in der Bundesrepublik 95% Untergewicht! Das sollte zu denken geben.

Wenn Sie ein normales Gewicht haben, bleibt auch ihre Beweglichkeit erhalten. Schlanke Menschen kommen beim Treppen- oder Bergsteigen nicht so leicht aus der Puste, weil der Körper kein überflüssiges Gewicht schleppen muß. Das Ein- und Aussteigen in öffentlichen Verkehrsmitteln ist für Schlanke längst nicht so mühevoll, und sie kommen leichter durch ein Menschengewühl.

Außerdem belastet Übergewicht unnötig die Gelenke und Venen und führt zu deren vorzeitigem Verschleiß. Daß das Herz bei einem übergewichtigen Menschen ständig überfordert ist und sich dadurch schneller verbraucht, dürfte jedem klar sein.

Allein Ihrem Herzen zuliebe sollten Sie auf Normalgewicht achten. Herz-Kreislauferkrankungen bilden mit fünfzig Prozent die häufigste Todesursache. Verantwortlich dafür sind allem voran Bewegungsmangel, Streß und Übergewicht. Allerdings sollten Sie nicht mit Gewalt abnehmen, also mittels eisernen Hungerns oder einseitiger Diäten. Schnelles Abnehmen schadet sowohl der Gesundheit (der Körper ist dann mit lebenswichtigen Vitaminen und Mineralien unterversorgt) als auch Ihrem Aussehen (Ihr Gesicht würde so faltig und runzlig werden wie ein aufgeblasener Luftballon, dem man plötzlich die Luft abläßt).

Ich kenne Frauen, die in kurzer Zeit zehn bis zwanzig Kilo abgenommen haben und deren Gesicht dabei um zehn Jahre gealtert ist. Das ist ein zu hoher Preis! Auch Ihre Knochen könnten stark in Mitleidenschaft gezogen werden, da dem Körper unter Umständen zuwenig Kalzium zugeführt wird. Auf dieses Problem gehe ich in dem Kapitel »Die Wechseljahre«, in dem es auch um Osteoporose (»Knochenschwund«) geht, noch näher ein.

Daher lautet das oberste Gebot: Maßhalten mit allem – mit dem Essen und mit dem Abnehmen! Wenn Sie nur ein oder zwei Kilo abnehmen möchten, brauchen Sie nur von allem ein bißchen weniger zu essen.

Wenn Sie einen erheblichen Gewichtsverlust wünschen, sollten Sie einen Diätplan in Zusammenarbeit mit Ihrem Arzt erstellen und sich regelmäßig untersuchen lassen.

Krampfadern

Soweit ich zurückdenken kann, waren die Beine meiner Mutter von stark ausgeprägten Krampfadern überzogen. Sie mäanderten wie Flüsse auf einer Landkarte über die Haut und verzweigten sich in große und kleine Kanäle. Sie trug oft Gummistrümpfe oder wickelte sich elastische Binden um die Beine. Im Kindbett erkrankte sie mehrmals an einer Venenentzündung.
Ich hatte gehört, daß Krampfadern erblich seien, und rechnete damit, spätestens während meiner ersten Schwangerschaft welche zu bekommen.
Die Beine meiner Schwiegermutter waren ebenfalls von mächtigen Krampfaderwülsten verunstaltet. Auch sie hatte schon einige Male unter einer Venenentzündung gelitten. Meinen Mann beunruhigte daher eine doppelte Sorge: Zum einen fürchtete er um die Schönheit seiner Frau, zum anderen um ihre Gesundheit.
Ich weiß nicht, welche Sorge die größere für ihn war. Jedenfalls bewundere ich seinen Weitblick und sein Durchhaltevermögen und bin ihm sehr dankbar dafür, denn dadurch ist mir viel körperliches und seelisches Leid erspart geblieben.
Als sich meine erste Schwangerschaft ankündigte, war sein größtes Problem, wie sich die Bildung von Krampfadern bei mir verhindern lassen konnte. Er bestand darauf, daß ich gleich bei meinem ersten Arztbesuch

erfragen solle, was ich vorbeugend gegen Krampfadern tun könne.

Der Arzt empfahl mir, oft spazierenzugehen und öfters am Tag die Beine hochzulegen. Außerdem sollte ich Fußwechselbäder machen, etwa bis zur halben Wadenhöhe. Das ist ungefähr so hoch wie ein Zehn-Liter-Eimer. Das warme Wasser soll Körpertemperatur, das kalte Wasser 16 Grad Celsius haben. Im warmen Wasser verbleiben die Füße ungefähr eine Minute, dann taucht man sie zehn Sekunden lang ins kalte Wasser, was einem wie eine Ewigkeit vorkommt! Das Ganze wird zehnmal im Wechsel gemacht.

Ich befolgte die Ratschläge meines Arztes. Er hatte mir zusätzlich eine Salbe mitgegeben, die das Blut dünnflüssiger hielt und die ich umgehend auf verdächtige Stellen auftragen sollte. Nach einigen Tagen drohte ich, nachlässiger zu werden. Einerseits, weil ich zu faul war, und andrerseits, weil ich nicht so recht daran glaubte, daß es etwas nützen würde.

Wieder half mir mein Mann. Jeden Tag zerrte er mich bei Wind und Wetter zum obligatorischen Spaziergang ins Freie, und jeden Abend wachte er mit Argusaugen darüber, daß ich meine Wechselbäder gewissenhaft durchführte. Egal, ob ich einen anstrengenden Tag hinter mir hatte, ob es erst zehn Uhr abends oder schon nach Mitternacht war. Ergebnis: Nach der Geburt unseres ersten Kindes verunzierte nicht eine einzige Krampfader meine Beine!

Bei der zweiten Schwangerschaft wiederholte ich das Erfolgsrezept natürlich, diesmal aus Überzeugung. Für Sie, liebe Altersgenossin, kommt dieser Tip für die Schwangerschaft wohl zu spät, ich erwähne ihn jedoch in Hinblick auf Ihre Töchter. Unsere Kinder müssen nicht alle Fehler selbst machen, sondern können aus unseren Fehlern lernen und von unseren Erfahrungen profitieren.

Ganz gleich, ob Sie selber bisher von Krampfadern verschont geblieben sind, ob sie sich bei Ihnen bereits schwach gebildet haben oder ob sie unter starken Krampfadern leiden: Sie können immer noch wertvolle Maßnahmen ergreifen. Denn auch jetzt helfen Fußwechselbäder noch und das Hochlegen der Beine. Die beste Medizin ist nach wie vor der tägliche Spaziergang. Die Beinmuskeln werden beim Gehen gespannt und gegen die Venenwände gedrückt. Dadurch wird das Blut hochgepumpt und kann weder versacken noch die Adern ausbeulen.

Bitte denken Sie nicht: Wer schaut in meinem Alter schon noch auf meine Beine, und außerdem trage ich lange Hosen! Krampfadern sind nämlich keineswegs nur ein kosmetisches Problem. Die Gefahren für die Gesundheit sind weit schlimmer. Schmerzhafte Geschwüre und »offene Beine« sind über Jahrzehnte hinweg eine Qual. Venenleiden können sogar zur Todesursache werden, wenn sich Thrombosen ablagern oder ein Blutpfropf abreißt und zum Herzen strömt ...

Zum Abschluß noch eine heitere Episode vor diesem ernsten Hintergrund: Meine Schwiegermutter sollte uns zum erstenmal in unserem neuen Haus besuchen. Meine Tochter war gerade vier Jahre alt und freute sich sehr auf ihren Besuch. Gespannt erwartete sie sie im Wohnzimmer, während die kleine Freundin meiner Tochter aus der Nachbarschaft, Esther mit Namen, die Ankunft der Großmutter beobachtete und sie in unser Haus verschwinden sah.

Kurze Zeit später läutete Esther bei uns an der Haustür

und wollte meine Tochter zum Spielen in den Garten locken. Doch meine Tochter wollte lieber die Gegenwart ihrer Oma genießen und sagte: »Ich kann jetzt nicht. Ich will bei meiner Oma bleiben.«
Daraufhin meinte Esther verächtlich: »Ach, was willst du denn mit deiner Oma! Die ist doch schon alt.«
»Nein!« verteidigte das Kind die Großmutter mit energischer Stimme. »Meine Oma ist nicht alt. Nur ihre Beine sind alt!«
Meine Schwiegermutter war damals erst neunundfünfzig, also wirklich noch nicht alt. Aber daß mit ihren Beinen etwas nicht stimmte, war sogar meiner Vierjährigen aufgefallen.
Ihre Großmutter hatte nicht nur Krampfadern, sie litt dadurch bereits seit Jahren an »offenen Beinen«. Wenn man einmal miterlebt hat, wie furchtbar das ist, geht man freiwillig und gerne vorbeugend seine vier bis fünf Kilometer pro Tag spazieren.
Inzwischen ist meine Schwiegermutter über achtzig und leidet immer noch an »offenen Beinen«. Sie hat wirklich schon viel mitgemacht: Verbände, Salben, Arztbesuche und Schmerzen ... Das Leiden der Schwiegermutter meines Bruders war da wesentlich kürzer: Sie starb mit fünfzig Jahren an einer Embolie. Sie hatte schon mehrere Venenentzündungen und Thrombosen gehabt. Schließlich wurde sie wegen einer Thrombose ins Krankenhaus eingeliefert. Kurz vor der Entlassung löste sich ein Thrombus und gelangte ins Herz. Sie starb innerhalb weniger Sekunden.
Diese Geschichte aus meiner Verwandtschaft hat mich dermaßen erschüttert, daß ich mich eingehend mit Bein- und Venenleiden beschäftigte. Meine Erkenntnisse möchte ich an Sie weitergeben: Die beste Vorbeugung ist

Spazierengehen. Man kann das nicht eindringlich genug betonen.

Sollten Sie schon Krampfadern haben, so gibt es heute verschiedene medizinische Hilfen: Die Krampfadern können verödet oder operativ entfernt werden. In manchen Fällen sind solche Therapien nicht angezeigt. Dann helfen Stützstrümpfe oder Kompressionsverbände, die allerdings richtig angelegt werden müssen, da sie sonst eher schaden als nützen.

In allen Fällen ist das Wichtigste: Gehen, Gehen, Gehen!

Vielleicht können einige Zahlen Ihrem Entschluß zum täglichen Spaziergang noch mehr Nachdruck verleihen: Bei uns in Deutschland hat jede zweite Frau Krampfadern, und an offenen Beingeschwüren leiden hierzulande eine Million Menschen – die meisten davon sind Frauen.

Der Witwenbuckel

Ich habe meine Kindheit in mehreren kleinen Dörfern verbracht. Dort habe ich so viele alte und gebeugte Menschen gesehen, daß ich davon überzeugt war, eine gekrümmte Körperhaltung gehöre zum Altsein genauso wie weiße Haare, ein faltiges Gesicht oder ein zahnloser Mund.
Als ich mit zwölf Jahren in eine kleine Stadt umzog, fiel mir nach und nach auf, daß es hier wesentlich weniger gebeugte Menschen gab, und machte mir darüber Gedanken.
Die Ferien verbrachte ich hin und wieder bei meiner Patentante auf dem Land, wo ich freiwillig bei der Feldarbeit half. Ich machte sowohl bei der Heuernte als auch beim Garbenbinden, beim Ährensammeln und Kartoffelraffen gerne mit. Allerdings hatte ich immer schon nach wenigen Stunden das Gefühl, mir breche das Kreuz.
Dennoch wollte ich um keinen Preis aufhören und als zimperliches Stadtmädchen gelten. Außerdem schämte ich mich, mit meinen dreizehn Jahren herumzujammern, während meine Patentante und ihr Mann, die beide schon Mitte sechzig waren, wesentlich härtere Arbeiten verrichteten.
Sie hatten beide einen Rundrücken, der bei meiner Tante wesentlich ausgeprägter war als bei ihrem Mann. Klar, dachte ich damals, wer jahraus, jahrein schwere

Feldarbeit in gebückter Haltung verrichtet, der muß ja einen krummen Rücken bekommen!
Damit war ich der Wahrheit bereits auf der Spur. Doch die Zeit verging, und allmählich gewahrte ich auch in der Stadt alte gebeugte Menschen, von denen die meisten Frauen waren. Die Feldarbeit allein konnte es also nicht sein.
Irgendwann fiel in diesem Zusammenhang das Wort »Witwenbuckel«. Ich wurde hellhörig und begann, die Frauen in meinem Bekanntenkreis, in meiner Nachbarschaft und Verwandtschaft gedanklich daraufhin zu überprüfen, ob sie verwitwet waren und einen kleinen Buckel hatten.
Es fielen mir tatsächlich einige ein. Andererseits gab es auch Witwen, die einen schönen geraden Rücken behalten hatten, und Frauen, die einen Rundrücken hatten, aber ledig oder verheiratet waren.
Meine Mutter erklärte auf meine Frage, daß die meisten buckligen Frauen verwitwet seien und sich aus Kummer über den Tod ihres Mannes hängen ließen und einen Buckel bekämen.
»Aber warum haben denn auch einige Frauen, die ledig oder noch verheiratet sind, einen Buckel?« fragte ich nach.
»Die Ledigen sind traurig, weil sie keinen Mann abgekriegt haben«, erklärte sie, »und die Verheirateten haben vielleicht Kummer mit ihrem Mann, weil er trinkt oder anderen Weibern nachläuft. Wichtig ist, daß man immer Haltung bewahrt!«
Dabei straffte meine Mutter ihren Oberkörper, nahm die Schultern zurück und führte einige nach hinten kreisende Bewegungen aus.
»Ich kenne aber auch Witwen, die keinen Buckel haben«, wunderte ich mich.

»Die haben sich eben irgendwie getröstet oder nehmen Haltung an, weil sie nach einem neuen Mann Ausschau halten.« Für meine Mutter war das alles ganz einfach, doch ich war noch nicht überzeugt. Mit der Zeit fand ich heraus, daß jüngere Witwen, also solche, die noch unter vierzig Jahre alt waren, keinen Witwenbuckel bekamen. Frauen dagegen, die über fünfzig waren, litten – egal, ob verwitwet, ledig oder verheiratet – sehr viel öfter unter einem stark gebeugten Oberkörper.
Nun gab ich mir selber eine Erklärung für das Wort »Witwenbuckel«: Frauen bekommen ab einem bestimmten Alter oftmals einen Buckel, und da in diesem Alter schon viele durch einen Krieg, Verkehrsunfall, Arbeitsunfall oder durch eine schwere Krankheit verwitwet sind, nennt man diese körperliche Erscheinung »Witwenbuckel«.
Meiner Meinung nach war der Buckel nichts weiter als eines von vielen verräterischen Anzeichen fürs Älterwerden. Dieses Anzeichen störte mich aus mehreren Gründen ganz besonders: Erstens, weil es schon von weitem auffiel, zweitens, weil dadurch schicke Kleider nicht mehr zur Geltung kamen, drittens, weil es sich nicht verbergen ließ, wie etwa graue Haare durchs Haarefärben und viertens, weil man es offensichtlich nicht so leicht wie Zahnausfall, Krampfadern oder Übergewicht verhindern konnte.
Für die Entstehung des Witwenbuckels gibt es auch unter Medizinern verschiedene Theorien und Erklärungen. Die häufigste und nächstliegende Ursache ist die Osteoporose, auf die ich im Kapitel »Die Wechseljahre« zu sprechen komme. Der Witwenbuckel kann aber auch durch Kompressionsfrakturen, d. h. durch eine plötzliche oder anhaltende Druckwirkung im Rückenwirbel-

bereich entstehen. Die Bioenergetik und die Reichschen Theorien besagen sogar, daß dem Witwenbuckel ursächlich eine chronische Muskelverspannung zugrundeliegt, die durch angestauten Zorn oder nicht ausgelebte Aggressionen entsteht.

Die Macht der Kosmetik

Gesichtsfalten machen uns allen schon seit Jahren Kummer. Ich weiß noch, wie ich kurz vor meinem dreißigsten Geburtstag vor dem Spiegel stand und meine ersten Fältchen entdeckte. Dennoch bekam ich damals keine Panik, denn ich dachte, durchaus etwas dagegen tun zu können.
Schließlich strahlten in der Stadt überall jugendlich aussehende Frauen mittleren Alters von überdimensional großen Plakatwänden herunter, und aus allen Illustrierten lachten einem Mütter und Töchter entgegen, von denen man nicht sagen konnte, welche die Ältere war. In allen Zeitungen, Kinoreklamen und im Fernsehen lächelt uns bis heute die ewige Jugend zu. Man braucht nur diese oder jene Creme zu verwenden ...
Sofort besorgte ich mir damals eine davon in der nächsten Drogerie. Sie half wirklich! Oder war es Einbildung und ich war einfach nur besser ausgeschlafen?
Jedesmal, wenn ich das Gefühl hatte, daß die Wirkung einer Gesichtscreme nachließ, versuchte ich es eine Weile lang mit einer neuen. Dann hörte ich etwas von Gurkenscheiben und Quarkmasken und probierte auch das aus.
Dazwischen gab es immer wieder längere Zeiträume, in denen ich keine Zeit hatte, mich mit meinem Teint zu befassen. Mit der Zeit wurden die Fältchen zwar immer tiefer, aber nicht wesentlich mehr. Im Nachhinein kann

natürlich keiner sagen, ob sie sich weniger ausgeprägt hätten, wenn ich mehr für mein Gesicht getan hätte. Leider lassen sich Falten auch durch die regelmäßige Anwendung spezieller Cremes nicht verhindern.

Vorbeugung

Eines aber läßt sich mit Sicherheit sagen: Ich habe, wenn auch unbewußt und unbeabsichtigt, vorbeugend eine Menge Vorteilhaftes für meine Haut getan.
Erstens habe ich eine Mutter, die noch mit achtzig eine so glatte Haut wie eine Sechzigjährige hat. Sie hat ihr Gesicht allerdings auch immer sorgfältig gepflegt, gereinigt, und verschiedene Cremes regelmäßig aufgetragen. Sie hat weder geraucht noch Make-up aufgelegt und nie ein Sonnenbad genommen.
Vor allem das Rauchen begünstigt die Faltenbildung. Dafür gibt es eine einfache medizinische Erklärung: Nikotinhaltiges Blut versorgt den gesamten Organismus schlechter mit Sauerstoff – also auch die Haut. Dadurch wird sie mangelhaft ernährt, erscheint fahl und wird schlaff und welk.
Ein weiterer stark hautschädigender Einfluß ist die Sonne. Ich habe mich nur selten starker Sonnenbestrahlung ausgesetzt und wenn, dann nur für kurze Zeit. Auch habe ich nie auf einer Sonnenbank gelegen, ganz im Gegensatz zum Beispiel zu Gerlinde:
Gerlinde ist ein Jahr jünger als ich. Als ich sie kennengelernt habe, war sie sechsundzwanzig Jahre alt. Damals hielt ich sie für wesentlich jünger, für höchstens zwanzig. Sie bewahrte sich viele Jahre lang ein Aussehen, das sie sechs oder sieben Jahre jünger erscheinen ließ.
Irgendwann konnte sie es sich leisten, ihren Urlaub all-

jährlich unter tropischer Sonne an afrikanischen Stränden zu verbringen. Stolz führte sie nach ihrer Rückkehr ihre Bräune zur Schau. Nach dem ersten Urlaub verlor sie ihre Bräune schon nach wenigen Wochen. Um das zu vermeiden, machte sie es sich zur Gewohnheit, nach dem Urlaub mehrmals in der Woche in ein Bräunungsstudio zu gehen, wodurch ihre Farbe wesentlich länger hielt.
Im Winter wurde es Gerlinde allerdings zu aufwendig, ständig bei Eis und Schnee in die Stadt zu fahren, und ihre Bräune verblaßte wieder. Daher leistete sie sich nach einigen Jahren eine eigene Sonnenbank und sieht seitdem das ganze Jahr über so aus, als käme sie gerade frisch von den Bahamas. Aber ihre Haut! Ich hatte sie einige Jahre lang nicht gesehen und erschrak über ihr faltiges Gesicht, als wir uns wieder trafen.
Zugegeben, das ist ein extremer Fall. Aber dadurch wird klar, wie nachteilig sich intensive Sonnenbestrahlung auf die Haut auswirkt. Sie trocknet aus, wird weniger elastisch und neigt zur Faltenbildung. Sie schrumpelt wie ein Apfel, der längere Zeit neben einem warmen Ofen liegt.

Nachdem ich diese Erkenntnis gewonnen hatte, ließ ich die Gesichter meiner Bekannten und die fremder Frauen vor meinem geistigen Auge Revue passieren. Ich kam zu folgendem Resultat: Die Gesichter von Bauersfrauen, die ohne Kopfbedeckung viele Stunden lang unter sengender Sonne ihre Feldarbeit verrichten, zeigen häufig eingegrabene Falten und zahllose Fältchen.
Landfrauen, die hingegen regelmäßig einen Sonnenhut tragen, sehen wesentlich besser aus und haben sogar weniger Falten im Gesicht als Stadtfrauen, die auf ihrem Balkon stundenlang die Sonne anbeten, den ganzen

Sommer über im Freibad liegen oder ihren Urlaub regelmäßig an südlichen Stränden verbringen.
Oberflächlich gesehen wirkt ein junges glattes Gesicht, das leicht gebräunt ist, zunächst viel gesünder und attraktiver als ein blasses. Man sollte dabei aber bedenken, daß es bei regelmäßiger Bräunung nicht lange so glatt bleibt!
Ein faltiges braunes Gesicht macht doppelt alt. In Tibet, wo die Menschen ständig in großer Höhe leben und die UV-Strahlen deutlich intensiver sind, sieht man bei vielen Menschen Hautveränderungen, die sie sehr viel älter aussehen lassen als sie sind. Ähnliche Erscheinungen lassen sich auch bei uns, zum Beispiel bei Bauern und Straßenarbeitern, die sich häufig und lange in sengender Sonne aufhalten, feststellen.
Dermatologen warnen vor intensivem Sonnenbaden, weil sich dadurch das Bindegewebe so verändern kann, daß Sonnenallergien und Lichtdermatosen ausgelöst werden. Besonders, wenn man vor dem Sonnenbaden Parfums und Cremes aufträgt, kann das zu Flecken und Schädigungen auf der Haut führen. Beobachtungen haben ergeben, daß die UV-Strahlen der Sonne auch Hautkrebs hervorrufen können. Skilehrer bekommen zum Beispiel häufiger als andere Menschen Hautkrebs auf der Nase.
Wenn Sie sich ausführlicher zum Thema Sonnenschäden informieren möchten, dann bestellen Sie sich das Bundesgesundheitsblatt vom Januar 1987, in dem von einer speziellen Kommission zusammengetragene Erkenntnisse zusammengefaßt sind.
Als vierten Punkt, den ich mir zum Thema Gesichts- und Hautpflege zugute halte, möchte ich anführen, daß ich nie Make-up aufgelegt habe. Zum einen hatte ich in jun-

gen Jahren gar keine Zeit dazu, zum anderen fürchtete ich, daß diese Farb- und Puderschichten meine Poren am Atmen hindern würden. Heute bin ich davon überzeugt, daß das richtig war, denn wenn ich meine Bekannten daraufhin unter die Lupe nehme, dann stelle ich fest, daß sie zwar mit aufgelegtem Make-up gut, zum Teil blendend aussehen, doch ihr abgeschminktes Gesicht wirkt fahl und faltig, bei manchen direkt erschreckend.
Wie sehr die Haut unter einer täglichen Make-up-Schicht leidet, habe ich in den USA beobachtet. Ich wohnte für einige Wochen bei meiner Schwägerin Betsy, die ihre Schminkkünste auf einer Mannequin-Schule gelernt hatte. Anläßlich der Hochzeit ihrer Schwester mit meinem Bruder, kamen einige Damen der Hochzeitsgesellschaft früh morgens ungeschminkt zu ihr, um sich von Betsy »das Gesicht machen zu lassen«, wie sie es nannten.
Die meisten waren einige Jahre jünger als ich. Normalerweise trugen sie sich ihr tägliches Make-up selber auf. Ohne Schminke sahen ihre Gesichter welk und blaß aus, denn die meisten von ihnen waren zudem starke Raucherinnen. Nachdem sie jedoch vom Schminkstuhl aufgestanden waren, blickten mich höchst gutaussehende und attraktive Damen an!
Betsy ruhte nicht eher, bevor sie mir auch »das Gesicht machen« durfte. Zwischen den Zeilen hörte ich heraus, daß es geradezu unanständig sei, mit einem »nackten« Gesicht an einer Hochzeitsfeier teilzunehmen. Während des Schminkens erzählte sie mir, daß es keine Amerikanerin wagen würde, das Haus ohne Make-up zu verlassen. Das gehöre zum morgendlichen Ritual wie das Anziehen, Zähneputzen oder Kämmen.
»Ich brauche jedes Jahr fünf Minuten länger, damit mein

Gesicht so aussieht, wie ich es will«, seufzte Betsy. »Aber es muß sein!«
Damals war Betsy neunundvierzig, knapp fünf Jahre älter als ich, und hatte schon ihr erstes Facelifting hinter sich. Verstehen Sie mich bitte nicht falsch: Ich bin nicht grundsätzlich gegen das Schminken. Zu einem feierlichen Anlaß erlaube ich es mir natürlich auch, freue mich über nett gemeinte Komplimente und gefalle mir selbst. Aber es stört mich, wenn man von dem Schminken so abhängig wird, daß man sich mit der ungeschminkten und strapazierten Haut nicht mehr sehen lassen mag.
Mein fünfter Pluspunkt in Sachen Kosmetik ist, daß ich mich viel an der frischen Luft bewege. Es ist eine inzwischen allseits bekannte Tatsache, daß Zimmerluft, insbesondere Heizungsluft, dem Teint wenig zuträglich ist. Erstens trocknet die Haut sehr aus, und zweitens wird sie bei gleichmäßiger Temperatur nicht besonders gut durchblutet. Daher ist es auch weniger ergiebig, sich im Sommer auf den Balkon, in den Garten oder untätig in den Schatten zu legen, statt sich an der frischen Luft zu bewegen.
Das Beste ist, täglich bei jedem Wetter aus dem Haus zu gehen: bei Regen und Wind, bei Schneefall und Nebel. Feuchte Luft entzieht der Haut keine Feuchtigkeit, und der Wind und die Regentropfen massieren sie zudem auf ideale Weise. Außerdem zwingt Sie die Bewegung — ganz gleich, ob es ein Spaziergang, Wandern, Skilaufen oder Gartenarbeit ist — zu verstärkter Atmung. Das fördert die Durchblutung des ganzen Körpers, und die Gesichtshaut profitiert davon, weil sie dadurch besser ernährt und mit Sauerstoff versorgt wird.
Schauen Sie sich mal nach einem ausgedehnten Spaziergang bei Wind und Wetter im Spiegel an! Sie werden

überrascht sein, wie rosig und jugendlich Sie aussehen.
Eine letzte, für meine Schönheitspflege wichtige Angewohnheit ist, daß ich mich hautfreundlich ernähre. Sie erinnern sich daran, daß ich meine Ernährung aus unterschiedlichen Gründen auf gesunde Lebensmittel umgestellt habe. Daß ich damit auch meinem Teint einen Gefallen tat, ahnte ich damals nicht – heute weiß ich es. Nur eine ausreichend, d. h. mit allen notwendigen Nährstoffen gut versorgte Haut kann elastisch, rosig und lange glatt bleiben. Von außen versuchen wir das mit Cremes zu erreichen, die spezielle Substanzen enthalten. Viel wirkungsvoller ist jedoch die Ernährung der Haut von innen. Dabei spielen vor allem die Vitamine A, B und D eine Rolle.
Es würde hier zu weit führen, wenn ich Ihnen alle Lebensmittel aufzählen wollte, die die verschiedenen Vitamine und Mineralstoffe enthalten. Ziehen Sie Fachbücher oder Tabellen zu Rate, wenn Sie es genau wissen möchten. Ich beschränke mich darauf, Ihnen einige wichtige Regeln zu nennen:

- abwechslungsreich essen;
- Vollkornprodukte bevorzugen;
- viel Obst und Gemüse zu sich nehmen;
- Süßigkeiten vermeiden (denn sie sind nur leere Kalorien, die sättigen und dick machen!);
- wenig Alkohol trinken (denn Alkohol stört den Stoffwechsel, d. h. der Körper kann die notwendigen Stoffe nicht nur nicht aus der Nahrung aufnehmen, er entzieht dem Organismus sogar manche Stoffe in erheblichen Mengen. Das wirkt sich sehr nachteilig auf die Gesichtshaut aus: Schauen Sie sich die Gesichter von Alkoholikern an!);

- Den Eiweißbedarf eher mit Pflanzenöl (mehrfach ungesättigte Fettsäuren) und mit Milchprodukten decken als mit Fleisch und Wurst.

Naturkosmetik

Heutzutage begegnet man immer öfter dem Begriff »Naturkosmetik«. Naturkosmetik hat den Vorteil, daß sie keine synthetischen Konservierungsmittel enthält. Der Nachteil ist gleichzeitig, daß sie nur sehr begrenzt haltbar ist. Naturkosmetik können Sie kaufen (z. B. Alverde, Hildgard Brauckmann, Wala und andere Marken) oder, wenn Sie Spaß daran haben, selbermachen. Produzieren Sie immer nur sehr geringe Mengen, die sie innerhalb von einem oder zwei Monaten aufbrauchen können. Natürlich ist das ein sehr zeitaufwendiges Verfahren und nicht jedermanns Geschmack.
Das Buch »Gesundheit mit Kräutern und Essenzen« von Jean Pütz und Christine Niklas bietet viele Anregungen und Rezepte. Außerdem enthält es eine Liste der Läden, in denen die Rohstoffe für die in dem Buch beschriebenen Naturcremes und -lotionen erhältlich sind. Fertige Cremes und Öle finden Sie vor allem in Naturkostläden und Reformhäusern.
Kann oder sollte man – so fragte ich mich, als ich meinen fünfzigsten Geburtstag auf mich zukommen sah – außer dem bisher Gesagten noch mehr für sich, sein Gesicht und seine Körperhaut tun?

Auf der Schönheitsfarm

Eines Tages fiel mir eine Annonce in einer Frauenzeitschrift auf, bei der man Informationsmaterial für verschiedene Schönheitsfarmen anfordern konnte. Das schlug bei mir ein wie ein Blitz.
»Ich muß auf eine Schönheitsfarm!« eröffnete ich meinem Mann noch am gleichen Abend und versuchte, ihm zu erklären, daß es im Alter von fast fünfzig Jahren höchste Zeit war, etwas Besonderes für sich und seinen Körper zu tun.
»Die machen dich auch nicht schöner«, entgegnete mein Mann lapidar.
»Das erwarte ich auch gar nicht«, meinte ich. »Ich möchte da nur lernen, was ich tun kann, damit ich nicht zu schnell alt und häßlich werde!«
Eine knappe Woche später hielt ich sieben Prospekte in der Hand. Eigentlich hatte ich gerade mal wieder gar keine Zeit – aber ich nahm sie mir einfach! Gemütlich legte ich mich auf die Couch und studierte die bunten Blätter. Ich schien mich schon allein durch das Durchlesen zu erholen. Ich fühlte mich als Frau umworben.
Das Programm war in allen Häusern in etwa gleich und stand unter dem Motto »Ganzkörperkosmetik«, was mir sehr zusagte. Die Angebote gingen von gesunder Ernährung über körperliche Bewegung, frische, schadstoffarme Luft, Körper- und Gesichtspflege, Ruhe und Entspannung bis hin zu einem Make-up-Seminar.
Wofür sollte ich mich entscheiden? Ich begann mit einer Negativ-Auslese, d. h. ich sortierte aus, welche Häuser nicht in Frage kamen, weil sie entweder eine sehr weite Anfahrt für mich bedeuteten, mir zu groß erschienen oder auch männliche Gäste aufnahmen.
Am Ende blieb ein kleines Schloß übrig, das höchstens

zwölf schönheitshungrige Frauen auf einmal aufnahm. Eine ganze Woche kostete mit Vollpension und sämtlichen Anwendungen 1.400 Mark. Das wollte ich mir von meinem selbstverdienten Geld leisten und meldete mich umgehend für die Herbstferien an.
Dann ging ich im Geiste meine Garderobe durch und überlegte, welche Stücke am praktischsten wären und was ich sonst noch so brauchte. Ich fieberte dem Tag meiner Abreise entgegen. Endlich würde ich einmal Zeit für mich haben! Ich hatte eine pflichtfreie Woche vor mir, in der ich niemanden zu verwöhnen brauchte, sondern selber einmal verwöhnt werden sollte! Ich freute mich darauf, ganz auszuspannen und nur für mich selber dazusein.
Dennoch überfiel mich am Tage meiner Abfahrt ein diffuses Angstgefühl: die weite Fahrt, das unbekannte Ziel, lauter fremde Menschen, die ungewohnten Anwendungen und Behandlungsmethoden wie Modelage, Peeling und Lymphdrainage – das alles schüchterte mich plötzlich ein.
Was willst du überhaupt dort? fragte ich mich, als ich in meinem frischgewaschenen Auto Richtung Schönheitsfarm fuhr. Ich, eine einfache Dorfschullehrerin, verbringe eine Woche auf einem Schloß? Wozu muß ich schön sein? Meine Schüler mögen mich auch so, meinen Kolleginnen ist es gleichgültig, wie ich aussehe, und mein Mann hält nichts von Schönheitsfarmen ... Am Ende treffe ich dort nur Filmstars, Karrierefrauen und gelangweilte Gattinnen von Fabrikdirektoren ...
Als ich dann aber vor dem schmiedeeisernen Portal des Schlosses anhielt und sich das Tor wie von Geisterhand öffnete und ich in den Schloßhof fuhr, verflogen meine Bedenken. Kaum hatte ich geparkt und war aus dem

Wagen ausgestiegen, da wurden mir auch schon Koffer und Tasche abgenommen, und ein junges Mädchen geleitete mich auf mein Zimmer.
Hier war ich nicht mehr das Aschenputtel, sondern eine Prinzessin: Mein Zimmer war schön und geräumig, mit antiken Möbeln und romantischen, pastellblauen Rüschenvorhängen eingerichtet. Eine Tür führte zu meinem Badezimmer mit Dusche und einer Personenwaage.
Um sechs Uhr abends wurde ein Begrüßungscocktail im eleganten Empfangsraum ausgeschenkt. Freudig überrascht stellte ich fest, daß die anderen Teilnehmerinnen aus ebenso bescheidenen Verhältnissen wie ich kamen. Insgesamt waren wir zu acht. Keine war über fünfundfünfzig oder unter zweiundvierzig Jahre alt. Fast alle waren, genau wie ich, in einer Frauenzeitschrift auf die Adresse gestoßen und hatten sich Prospekte schicken lassen. Einige hatten durch Bekannte von der Existenz des Schlosses erfahren.
Wir alle hatten uns trotz großer Hemmungen zu diesem Abenteuer durchgerungen. Der Stolz, das alleine geschafft zu haben, sowie die Neugier auf das, was uns erwartete, verband uns.
Wir gingen früh zu Bett. Seit langer Zeit hatte ich wieder einmal die Muße, vor dem Einschlafen zu lesen. Am nächsten Morgen klopfte es um halb acht zaghaft an meiner Tür. Ein junges Mädchen schlüpfte vorsichtig herein, wünschte mir einen guten Morgen und stellte sich als meine Kosmetikerin, die mich die ganze Woche über betreuen würde, vor. Dann begann sie, mich von den Füßen bis zum Hals mit einer Bürste zu massieren, um die Haut zu durchbluten und den Kreislauf anzuregen. Das wirkte so belebend, daß ich nach wenigen Minuten leichtfüßig aus dem Bett hüpfte.

Zum Frühstück kamen alle im Bademantel, da es nach dem Essen gleich in die verschiedenen Behandlungsräume ging. Für mich stand eine Ganzkörpermassage auf dem Programm. Die Behandlung meiner verspannten Schulterpartien empfand ich als besonders wohltuend.
Bis zum nächsten Termin hatte ich eineinhalb Stunden Zeit, die ich für einen Sprung ins Schwimmbecken nutzte. Hier traf ich auf eine Tagesfarmerin: So werden die Gäste genannt, die in der Nähe der Farm wohnen, nur einen Tag lang ein gezieltes Schönheitsprogramm absolvieren und dann wieder nach Hause fahren.
Um halb zwölf Uhr stieg ich zwanzig Minuten lang in die Wanne, lag entspannt im duftenden Wasser und hing meinen Gedanken nach. Ich hatte längst vergessen, wie angenehm das ist! Zu Hause duschte ich immer nur, weil alles ganz schnell gehen mußte.
Anschließend erfuhr ich, was ein Peeling ist. Die Kosmetikerin bestrich meinen Körper von oben bis unten mit einer rosa Masse, die sich leicht sandig anfühlte. Durch ein Peeling werden die kleinen Hautschüppchen abgelöst, die Oberfläche der Haut wird wieder glatt und die anschließend aufgetragene Pflegecreme kann leichter in die Poren eindringen und dadurch besser wirken.
Nach einer kurzen Einwirkungszeit spülte die Kosmetikerin die rauhe Paste mit der Dusche ab und wickelte mich in ein großes flauschiges Badetuch. Tatsächlich: Meine Haut fühlte sich schon viel zarter an!
Dann wurde ich in eine Kosmetikkabine geführt und wieder vom Scheitel bis zur Sohle bestrichen. Diesmal war es eine Ganzkörperpackung. Damit die Creme so richtig einziehen und wirken konnte, wickelte ich mich in ein neues Badetuch und legte mich auf eine Heizdecke, die auf einer Kosmetikliege ausgebreitet war.

Während ich die wohlige Wärme am Körper genoß, verschönte mir die Kosmetikerin Gesicht und Dekolleté, indem sie von allen Richtungen her massierte, Mitesser entfernte, überflüssige Härchen aus meinen Brauen zupfte und abschließend eine Nährcreme auftrug.
Nach dieser Prozedur schmeckte mir das Mittagessen ausgezeichnet, zumal ich normales Essen bekam und nicht auf Diät gesetzt worden war. Um vier Uhr nachmittags trafen sich alle im Fitneß-Raum wieder. So etwas kannte ich bisher nur aus dem Fernsehen. Rundherum standen die verschiedensten Trimm- und Fitneß-Geräte. Hier sollte ich während der ganzen Woche noch viel Zeit verbringen. Besonders das Heimfahrrad und das Rudergerät hatten es mir angetan.
Nach dem Abendessen konnte man, wenn man wollte, in das römische Dampfbad oder die finnische Sauna gehen, je nachdem, ob man feuchte oder trockene Hitze bevorzugte.
Der zweite Tag begann für alle, die Lust dazu hatten, um halb acht mit Wassergymnastik im Schwimmbecken. Nach dem Frühstück war für mich eine kosmetische Gesichtsmodelage vorgesehen. Diese Therapie öffnet die Poren, damit die Wirkstoffe besonders gut eindringen können, und glättet und strafft die Haut. Nach einer ausgedehnten Gesichtsmassage wurde mir eine Nährcreme auf Hals, Dekolleté und Gesicht aufgetragen. Dann wurde alles mit Gaze bedeckt, worauf die Kosmetikerin schließlich eine undefinierbare rosa Paste gleichmäßig verteilte. Dabei arbeitete sie mit den Händen und modellierte mein Gesicht, genau wie es ein Künstler bei einem Gipsabdruck tut – daher auch der Name Modelage. Ausgespart wurden nur die Nasenlöcher und die Augen. Zum Glück hatte mich die Kosmetikerin vorge-

warnt, sonst wäre ich in den folgenden Minuten bestimmt in Panik geraten, denn beim Erstarren der rosa Masse entwickelt sich unter der Maske eine Temperatur von 42 Grad Celsius!
Da ich den Mund nicht mehr öffnen konnte, führte ich unwillkürliche Schluckbewegungen aus, denn obwohl ich durch meine Nasenlöcher einwandfrei atmen konnte, hatte ich das Gefühl zu ersticken. Andere haben das auch überlebt, versuchte ich mich zu beruhigen. Und tatsächlich kühlte das Gesicht bald wieder ab, das Schlucken ließ nach, und die Angst verging.
Selbst nachdem die Maske schon einige Minuten abgenommen war, spürte ich noch beklemmende Gefühle in der Herzgegend. Die Kosmetikerin lobte mich, und ich durfte die Maske zum Andenken mitnehmen.
Die schönen Tage vergingen wie im Fluge. Zum Wochenprogramm gehörten noch Mani- und Pediküre, Brauen- und Wimpernfärben und natürlich eine Schmink- und Make-up-Schulung. Nach dem Schminkseminar gingen wir, schön wie wir waren, zu Fuß in ein Lokal im Städtchen aus, um den Geburtstag einer von uns »Farmerinnen« mit Fruchtsäften zu begießen. Wir hatten viel Spaß und wurden um zehn Uhr abends von der Chefkosmetikerin wieder nach Hause geführt, damit wir unseren Schönheitsschlaf bekamen.
Am darauffolgenden Abend wurden wir zu einem Besuch beim Schloßherrn ins Hauptgebäude geführt, wo wir im Herrenzimmer rund um den Kamin Platz nahmen. Bei Kerzenschein und gedämpfter Barockmusik lauschten wir der Geschichte des Schlosses, während uns die Dame des Hauses Mineralwasser und etwas zum Knabbern reichte.
Das Schöne an so einer Luxuswoche in einer Schönheits-

farm ist, daß man nicht nur etwas gegen die Falten, Fettpölsterchen und erschlaffendes Gewebe tut, sondern daß auch die Seelenkosmetik nicht zu kurz kommt.
Im Schloß bestand die Therapie fürs Innenleben aus Ruhe, Entspannung, Freude, Lachen, Gesprächen, Abschalten, Besinnung, Albernheiten und dem Gefühl, eigene Bedürfnisse artikulieren und in den Tag hineinleben zu dürfen. Jeder einzelnen von uns wurde bewußt, daß man als Frau in unserem Alter das Recht hat, etwas mehr Zeit auf die eigene Person und die eigenen Wünsche und Bedürfnisse zu verwenden, ohne dabei ein schlechtes Gewissen haben zu müssen.
Der Abschiedsabend setzte noch einen besonderen Akzent: Nachdem wir nach dem Abendessen in der Sauna oder im Dampfbad tüchtig geschwitzt hatten, trafen wir uns alle hüllenlos im Schwimmbad wieder, plantschten, spritzten und drehten einige Runden. In dem Moment kam die Leiterin der Schönheitsfarm mit zwei Flaschen Sekt und acht Gläsern dazu und stellte alles auf dem Beckenrand ab. Wir hüllten uns in unsere Bademäntel, ließen die Sektkorken knallen und feierten eine Poolparty. Dabei fühlten wir uns so jung wie Teenager und wurden richtig albern und ausgelassen – die reinste Seelengymnastik.
Mit drei Frauen, die ich in jener Woche kennengelernt habe, stehe ich noch heute im Briefwechsel oder telefoniere mit ihnen. Unter uns haben wir eines vereinbart: Sollte eine von uns erneut einen Aufenthalt in einer Schönheitsfarm planen, werden die anderen drei benachrichtigt, damit sie sich eventuell anschließen können.

Die Schönheitsoperation

Seit jeher haben Frauen versucht, ihre Schönheit zu bewahren. Kleopatra badete in Eselsmilch, die vornehmen Römerinnen in Stutenmilch, und schon in grauer Vorzeit wurden allerlei Schönheitscremes, Wässerchen und Zaubertränke gemixt, um den Alterungsprozeß aufzuhalten.

Noch heute sucht die Wissenschaft vergeblich nach einem Jungbrunnen, doch weder chemische Mittel noch nach Gefühl oder Erfahrung gebraute Naturprodukte brachten bisher den Durchbruch. Wie wichtig vielen modernen Frauen ihre Schönheit ist, kann man an der Tatsache ablesen, daß allein in den USA jährlich 600 Millionen Dollar für die Schönheitspflege ausgegeben werden. Dennoch läßt sich der äußere Verfall nicht aufhalten, höchstens verlangsamen.

Aber das genügt vielen Frauen nicht. Sie greifen zum letzten Mittel: einer Schönheitsoperation. Namhafte Persönlichkeiten wie Hildegard Knef, Anneliese Rothenberger oder Nancy Reagan haben sich durch die kosmetische Chirurgie viele Jahre lang ein attraktives Aussehen bewahren können. Für ihre Positionen war das sicher ein Vorteil. Eine gutaussehende First Lady macht sich bei Wahlveranstaltungen oder auf Titelfotos besser als eine mit Falten und Runzeln. Auch für die Karriere einer Schauspielerin, Sängerin oder Fernsehmoderatorin bringt das schöne Gesicht manche Vorteile.

Dennoch kann auch eine solche Operation das Altern nicht aufhalten. Sie muß nach zwei bis drei Jahren wiederholt werden, und selbst dann verlagert man die Probleme lediglich um ein paar Jahre.

Für uns normale Sterbliche scheint mir ein solcher

Schritt in den meisten Fällen unnötig, jedenfalls solange uns keine gravierenden Schönheitsfehler in schwere psychische Krisen stürzen. Schließlich stehen wir mit oder ohne Falten im Gesicht fest in unserem Berufsleben. Wir haben unsere Familie, die uns so liebt, wie sie uns kennt. Im Gegenteil: Ich glaube sogar, daß sich mein Mann und meine Kinder sehr erschrecken würden, wenn ich ihnen plötzlich eine aalglatte, ausdruckslose Maske präsentieren würde. Sie würden verstört nach den liebenswürdigen Fältchen suchen, die sich im Laufe der Jahre durch Freude und Leid in unser Gesicht gegraben haben. Schließlich verrät jedes Fältchen etwas von unserer Persönlichkeit, unserer Geschichte und unserer Seele.
Auch alle unsere Bekannte und Freunde mögen uns so, wie wir sind. Sie lieben an uns das vertraute Aussehen und würden ebenso irritiert, vielleicht sogar befremdet reagieren, wenn die Mimik und das Lächeln, die sie an uns kannten, nicht mehr da sind oder anders wirken.
Es ist nicht ein faltenloses Gesicht, das uns jung und liebenswert macht, sondern unsere Ausstrahlung. Man muß von innen jung sein.
Dazu drei Beispiele von runzligen alten Damen aus meinem Bekanntenkreis:
Die eine von ihnen hat sehr viele Falten im Gesicht. Trotzdem wirkte sie mit über achtzig Jahren wie ein junges Mädchen. Das lag an ihrem gewinnenden Lächeln, ihrer lebhaften Erzählweise, ihrer farbenfrohen Kleidung und ihren temperamentvollen Bewegungen. Dabei übersah man ihre Runzeln völlig.
Ich will damit sagen, daß jugendliche Ausstrahlung nicht in erster Linie eine Frage des faltenfreien Gesichts, sondern der inneren Einstellung ist. Die Frau wirkte deshalb durch ihre Gesten, ihre Mimik und ihre Art zu sprechen

jung, weil sie sich jung fühlte. Sie nahm Anteil am Weltgeschehen, ließ sich durch nichts unterkriegen und war ein optimistischer Mensch. Sie ist inzwischen mit neunzig Jahren gestorben.
Die zweite Bekannte, deren Gesicht ebenfalls mit Falten übersät ist, ist achtundsiebzig und lebt noch. Ich besuche sie sehr gerne und liebe es, mich mit ihr zu unterhalten. Sie ist zwar aufgrund eines Herzleidens nicht mehr in der Lage, sich lebhaft zu bewegen, nimmt aber trotzdem einmal die Woche am Seniorentanz teil. Sie kleidet sich zwar nicht gar so farbenfroh wie meine erste Bekannte, aber immerhin modern. Außerdem verraten ihre Art zu sprechen, ihre Wortwahl, die Themen, über die sie redet, und ihr lebhaftes Minenspiel eine junggebliebene Seele. Ihr Gesicht strahlt so viel Lebenswillen, Freundlichkeit und Güte aus, daß man sich jedesmal bereichert von ihr verabschiedet und ganz vergißt, daß sie eigentlich eine alte Dame mit einem verschrumpelten Gesicht ist.
Die dritte Frau, von der ich berichten will, habe ich erst vor einigen Wochen kennengelernt. Ihrem Gesicht nach hätte man sie für hundert halten können, aber das Auffälligste an ihr waren ihre Figur, ihr Gang und ihre Art, sich zu bewegen. Demnach hätte sie mein Alter haben können!
Auf meinen täglichen Spaziergängen habe ich wiederholt beobachten können, wie sie ihr Gartentor öffnete, den am Boden liegenden Begrenzungsbalken wegschob, ihr Auto bestieg, es durch das Tor chauffierte, die Torflügel wieder schloß und den Balken vorlegte. Sie machte das alles so geschickt und elastisch, daß ich ganz verblüfft war, als ich ihr eines Tages nah gegenüberstand und in ihr altes Gesicht blickte. Ich erfuhr, daß sie noch in jenem Jahr ihren achtzigsten Geburtstag feierte.

»Achtzig Jahre?« fragte ich ungläubig. »Wie haben Sie denn gelebt, daß Sie mit achtzig Jahren noch so fit sind?« Bereitwillig erzählte sie mir in ihrer lebhaften Art, die sie trotz ihrer zahlreichen Falten und Fältchen so jugendlich wirken ließ, daß sie von Jugend an Sport getrieben habe, insbesondere Wassersport. Sie war viele Jahre lang Mitglied in einem Schwimmverein und einem Ruderclub gewesen und hatte sogar an Wettkämpfen teilgenommen. Sie geht bis auf den heutigen Tag regelmäßig schwimmen.

Darüber hinaus war sie bereits als Kind mit ihren Eltern und Geschwistern häufig spazierengegangen und gewandert. Später war sie im Urlaub viel mit ihrem Mann gewandert, und auch heute noch macht sie täglich ausgedehnte Spaziergänge und arbeitet im Sommer im Garten. Nebenbei absolvierte sie jeden Morgen ein festes Gymnastikprogramm. Stets hatte sie sich auch Zeit für kreative Entspannung genommen, obwohl sie viele Jahre verheiratet und bis zum sechzigsten Lebensjahr berufstätig gewesen war. Sie hatte sich viel mit Malerei, Handarbeiten und Fremdsprachen beschäftigt. Noch heute unternimmt sie große Reisen und steckt voller Zukunftspläne.

Das gefiel mir alles sehr gut. Sie ging genau den Aktivitäten nach, von denen auch ich schon einige in Angriff genommen hatte, weil ich der Meinung bin, daß sie für ein gesundes und beschwerdefreies Alter wichtig sind. Sie war die lebende Bestätigung dafür.

Ihr Gesicht paßte allerdings überhaupt nicht zu ihrem jugendlich gebliebenem Körper und ihrer geistigen Frische. Natürlich konnte ich schlecht fragen: »Wodurch ist Ihr Gesicht nur so verschrumpelt?« Doch ich sollte bald erfahren, was es damit auf sich hatte, ohne unhöfliche Fragen stellen zu müssen.

Als ich sie wieder einmal traf, lud sie mich in ihren Garten ein. Ihr Liegestuhl stand bereits in der Sonne, und für mich rückte sie einen zweiten dazu. Ich setzte mich so hin, daß mein Gesicht im Schatten war. Sie aber setzte ihr Gesicht voll der Sonne aus. Dann erzählte sie mir, daß sie das Grundstück seit dreiundzwanzig Jahren besitze und jede freie Minute dazu nutze, in der Sonne zu liegen oder im Garten zu arbeiten.
Die Sonne hat ihr Gesicht gegerbt! dachte ich. Dann erfuhr ich, daß sie jahrelang viel geraucht und mit achtundfünfzig Jahren in kurzer Zeit fünfzehn Kilo abgenommen hatte. Zwei weitere Ursachen für die starke Faltenbildung.
Ich bewunderte im Stillen, mit welcher Selbstsicherheit sie ihre Falten trug. Diese Frau hat gewiß nie daran gedacht, sich einer Schönheitsoperation zu unterziehen.

Außer runzligen, gibt es auch verknitterte und verbitterte Gesichter. Oftmals entstehen Falten auch durch traurige Erfahrungen oder einfach dadurch, daß man sich gegen sein Alter wehrt, es nicht annehmen will. Gegen Verbitterung kann jedoch auch die teuerste Operation nichts ausrichten.
Bevor ich das Kapitel abschließe, möchte ich von einer heute siebenundvierzigjährigen ehemaligen Schulkameradin erzählen. Ich traf sie nach fünfunddreißig Jahren wieder, erkannte sie aber zunächst nicht. Auf den ersten Blick hielt ich sie gut und gerne für sechzig: Sie hatte zwar kaum Falten im Gesicht, und auch ihr Haar war noch nicht grau, aber ihr müder Blick, ihre aus den Fugen geratene Figur, ihre trägen Bewegungen und ihre langsame Art zu sprechen drückten so viel Resignation aus, wie man sie sonst nur bei alten Menschen antrifft.

Im Laufe unseres kurzen Gesprächs erzählte ich ihr zunächst von meiner Familie. Als sie kein sonderliches Interesse dafür zeigte, schnitt ich noch zwei, drei andere Themen an, die aber auf ebensowenig Resonanz stießen. Daher war die Unterhaltung bald zu Ende.
Dennoch blieb mir ein Satz von ihr in Erinnerung, weil er mich erschütterte. Sie sagte einmal zwischendurch, mehr zu sich selber als zu mir: »Ich fühle mich uralt!«
Darüber war ich so verwirrt, daß ich gar nicht nachfragte, ob vielleicht eine Krankheit, jahrelange finanzielle Schwierigkeiten, Probleme mit dem Ehemann, Sorgen mit den Kindern oder zuviel Arbeit dahintersteckten. Eins aber war mir sofort klar: Diese Frau hat aufgegeben. Sie hat ihre Träume begraben, keine Interessen und keine Ziele mehr. Das war es, was sie alt machte.
Damals war ich noch nicht soweit, daß ich die Hintergründe ihres Zustandes erfragte. Heute würde ich es tun, und vielleicht hätte ihr das auch geholfen.
Es sind also nicht so sehr die Falten, die eine Frau alt erscheinen lassen. Das Interesse an Ihren Mitmenschen und Ihrer Umgebung erhält Sie innerlich jung, vor allem dann, wenn Sie Ihre Pläne und Träume nicht verlieren.
Sollten Sie dennoch eine größere Geldausgabe und die Schmerzen nicht scheuen und der Ansicht sein, daß eine Schönheitsoperation das Richtige für Sie ist, dann rate ich Ihnen, es ruhig zu wagen. Melden Sie sich bei einem erfahrenen Schönheitschirurgen an und lassen Sie sich ausführlich beraten, nötigenfalls auch bei mehreren Fachleuten. Es gibt Schönheitschirurgen, die ihr Handwerk gut verstehen und diese meist kleineren Eingriffe fachgerecht ausführen. Dennoch sollten Sie nur zu jemanden gehen, der Ihnen von zuverlässigen Leuten empfohlen worden ist.

Machen Sie sich klar, daß Sie sich weder für Ihre Mitmenschen noch für Ihren Arbeitgeber (wenn Sie z. B. einen Beruf haben, bei dem das Aussehen eine wichtige Rolle spielt) quälen lassen müssen.
Wenn Sie der Überzeugung sind, eine solche Verschönerung für die Herstellung oder Stärkung Ihres seelischen Gleichgewichts zu brauchen, dann versuchen Sie, der Operation gelassen entgegenzusehen. Ein kosmetischer Eingriff ist keine Schande: Allein in Deutschland werden jährlich über 100.000 Schönheitsoperationen durchgeführt, der Löwenanteil entfällt dabei auf Nasen- und Busenkorrekturen.
Mehr darüber können Sie zum Beispiel der Broschüre »Schönheitsoperationen« entnehmen, das die Zeitschrift »Journal für die Frau« herausgegeben hat.
Es gibt noch eine Methode, durch die man Gesichtsfalten auch ohne Operation etwas glätten kann. Das klingt sehr einfach, ist aber nicht unbedenklich. Es handelt sich um Vitamin-A-Säure, die auf die Haut aufgetragen wird. Vitamin-A-Säure ist kein Kosmetikum, sondern ein Medikament und muß unter ärztlicher Aufsicht angewendet werden. Vitamin-A-Säure macht die Haut sonnenempfindlich und verursacht mitunter Entzündungen.
Daß schließlich die Zufuhr von Sexualhormonen die Haut verjüngen kann, ist eine unbestrittene Tatsache. Mehr dazu am Ende des folgenden Kapitels über »Die Wechseljahre«, wo es um die Hormonpille geht.

Die Wechseljahre

Das Thema Wechseljahre oder Klimakterium war jahrzehntelang tabu. Dabei existierte es im 19. Jahrhundert noch nicht einmal: »Die Natur sah die Wechseljahre nicht vor, da wir vorher alle gestorben waren«, erklärt Prof. Dr. Minne von der Universität Heidelberg (Quelle: Fernsehsendung »Die Sprechstunde« vom 5. 12. 1988).
Damals erreichte die Mehrzahl der Frauen das Alter des Klimakteriums erst gar nicht. Daß unsere Lebenserwartung heute so hoch ist, haben wir der medizinischen Forschung zu verdanken. Mit dem Phänomen der Wechseljahre kamen Probleme auf uns zu, die es früher nicht gab und über die man seit ihrem erstmaligen Auftreten aus Gründen der Schicklichkeit nicht sprach.
Erst in den letzten zwanzig Jahren hat sich die medizinische Forschung intensiver mit den Wechseljahren beschäftigt und Erkenntnisse gewonnen, die von großer Tragweite für uns sind: Wenn wir das letzte Drittel unseres Lebens – das Drittel, das uns gehören soll und das schönste werden könnte – nicht als schmerzgeplagte und bewegungsunfähige Wracks verbringen wollen, dann müssen wir vorbeugend handeln.
Zunächst möchte ich kurz schildern, wie ich dazu kam, mich mit dem Thema auseinanderzusetzen. Das Wort »Wechseljahre« habe ich mit elf Jahren zum erstenmal aus dem Mund meiner Mutter gehört, wagte aber nicht, sie nach der Bedeutung zu fragen. Im Laufe der Zeit

hörte ich es wiederholt in verschiedenen Zusammenhängen. Mal wurde es entschuldigend, mal verächtlich, mal erstaunt verwendet.
In mir formte sich folgende Vorstellung: Die Wechseljahre sind eine Sache, die Frauen um die Fünfzig betrifft. Es erwischt jede, und es ist unangenehm. Danach ist eine Frau alt, aber sie ist froh, wenn alles vorbei ist.
In der Schule erfuhr ich im Rahmen eines Aufklärungsunterrichts von einer Ärztin, daß zwischen dem zwölften und dem achtzehnten Lebensjahr die Menstruation beginne und man damit in die gebärfähige Phase eintrete. Die höre einige Jahre vor oder nach dem fünfzigsten Lebensjahr wieder auf, und das nenne man Wechseljahre.
Dennoch verstand ich einiges noch nicht: Warum wurde man danach für alt gehalten? Warum ist es unangenehm, wenn die Menstruation aufhört?
Als ich Junglehrerin und noch ledig war, ging ich jeden Abend bei einer Bauernfamilie Milch holen. Eine ledige Tante saß dann manchmal mit hochrotem Kopf, erschöpft, japsend und sich Luft zufächelnd auf einem Stuhl. Beim erstenmal dachte ich, sie sei ernstlich krank. Doch die etwas jüngere Bäuerin erklärte mir, daß das nur »die fliegende Hitze« und die Tante ja schließlich »in den guten Jahren« sei.
Damals sagte mir all das noch sehr wenig. Viele Jahre später führte ich dann ein aufschlußreiches Gespräch mit meiner Mutter. Sie gestand mir im Alter von siebzig Jahren, daß die monatliche Blutung kurz nach ihrem fünfzigsten Geburtstag schlagartig aufgehört habe.
»Ja, ist das denn nicht immer so?« fragte ich erstaunt.
»Nein, bei manchen setzt sie ein bis zwei Monate aus,

kommt zwei-, dreimal wieder, setzt wieder aus und kommt mal ganz schwach und mal ganz stark«, erläuterte meine Mutter. Dann fügte sie erleichtert hinzu: »Bei mir hat es sich aber zum Glück nicht so lange hingezogen.«
»Hattest du in dieser Zeit irgendwelche Beschwerden?« wollte ich ihre Gesprächigkeit über dieses von ihr sonst peinlich gemiedene Thema ausnutzen.
»Eigentlich nicht«, war ihre Antwort. »Nur manchmal hatte ich die fliegende Hitze. Dann habe ich mich hingesetzt und tief durchgeatmet. Ansonsten bin ich froh, daß mich das alles nichts mehr angeht!«
»Hat deine Mutter dich über die Wechseljahre aufgeklärt?« fragte ich weiter.
»Nein«, wehrte sie erschrocken ab. »Über so etwas hat sie nie gesprochen. Ich habe höchstens mal von anderen Frauen beim Einkaufen gehört, daß sie die fliegende Hitze hatten.«
»Konntest du bei deinem Arzt nicht Genaueres erfragen?«
»Um Gottes Willen! Den hätte ich so etwas nicht gefragt. Ich bin einfach nicht mehr hingegangen, als die Tage aufgehört haben. Ich war froh, daß ich keine Kinder mehr bekommen konnte. Außerdem sind die Wechseljahre eine ebenso natürliche Sache wie der Anfang der Tage. Sie hören genauso natürlich auf, wie sie eingesetzt haben. Ich bin damals auch nicht zum Arzt gelaufen und habe mir Hormontabletten geben lassen, damit das Ganze unterdrückt wird. Das ist nicht gut für den Körper.«
Kurze Zeit später las ich in einer Illustrierten, daß die Beschwerden während der Wechseljahre, abgesehen von der unregelmäßig werdenden Monatsblutung, psychi-

scher Natur seien. Die meisten Frauen glauben in dieser Zeit, daß sie ihre Attraktivität, ihre sexuelle Anziehungskraft und ihre Jugendlichkeit nun endgültig verlören. Auf dieses Bewußtsein reagiere der Körper – bei der einen stärker, bei der anderen schwächer – mit krankheitsähnlichen Symptomen.

Gut, dachte ich. Wenn es bei mir soweit ist, werde ich das alles positiv sehen und mir die Annehmlichkeiten vor Augen halten: keine Binden oder Tampons mehr zu brauchen, jederzeit ins Schwimmbad gehen zu können, unbesorgt in fremden Betten schlafen zu können, ohne am nächsten Morgen erschreckt einen Blutfleck zu entdecken, bei einer Wanderung ungeniert hinter einem Busch verschwinden zu können und auf Reisen gehen zu können, ohne sich überlegen zu müssen, was für Hygieneartikel man gerade benötigt.
Kurz nach meinem vierzigsten Geburtstag konsultierte ich meinen Frauenarzt, weil ich Schwierigkeiten hatte, den Urin zu halten, und weil jedesmal, wenn ich nieste, hustete oder lachte, einige Tropfen abgingen. Er diagnostizierte, daß meine Gebärmutter myomatös, das heißt, ein wenig vergrößert war und dadurch auf die Blase drückte.
»Es eilt nicht«, sagte er, »aber Sie sollten sich mit dem Gedanken anfreunden, in zwei, drei Jahren die Gebärmutter entfernen zu lassen, wenn die Beschwerden unangenehmer werden.«
»Sollte man nicht sofort handeln?« fragte ich. »Ich würde das Problem gerne gleich angehen.«
»Das können Sie schon«, erklärte mir mein Arzt, »aber es ist ein endgültiger Eingriff. Sie können dann keine Kinder mehr bekommen.«

»Meine Kinder sind mittlerweile vierzehn und sechzehn Jahre alt. Ich möchte gar nicht wieder klein anfangen. Wenn ich mehr Kinder gewollt hätte, hätte ich es mir früher überlegt«, entgegnete ich.
Daraufhin meinte er, daß in diesem Fall nichts gegen eine baldige Operation einzuwenden sei. Er erklärte mir, daß, solange die Eierstöcke vorhanden sind, die Hormonproduktion völlig normal erfolgt und der Spaß am Sex erhalten bleibt. Da die Monatsblutung wegfalle, würde ich die Wechseljahre unter Umständen weniger hart zu spüren bekommen.
Tatsächlich habe ich persönlich die Gebärmutterentfernung körperlich und seelisch völlig schadlos überstanden. Früher war ich äußerlich eher ein blasses, blutarmes Ding, da mein Hämoglobinwert (die Anzahl der roten Blutkörperchen) stets niedrig gewesen war. Dadurch, daß der monatliche Blutverlust nun wegfiel, zeigte mein Blutbild deutlich erfreulichere Werte und ich ein blühendes Aussehen.

Vor drei Jahren traf ich dann auf einer Geburtstagsfeier eine Bekannte wieder, die ich lange nicht gesehen hatte. Sie war inzwischen sechsundfünfzig Jahre alt und erzählte mir, daß auch ihr vor zwölf Jahren der Uterus entfernt worden sei, sie den Beginn des Klimakteriums dadurch kaum registriert und wenig Wechseljahrsbeschwerden hatte.
Es schien ihr offenbar sehr gut zu gehen. Sie war ledig und kinderlos und hatte neben ihrem Beruf stets Zeit für große Reisen, diverse soziale Engagements und künstlerische Aktivitäten. Aufgrund eines Rückenleidens war sie vorzeitig pensioniert worden und konnte jetzt ganz in ihrer Kunst aufgehen: Sie fertigte zauberhafte Batiken

an, organisierte Ausstellungen in mehreren Städten und war im Verkauf recht erfolgreich.

Wenig später erschien ihre um zehn Jahre jüngere Schwester, die ich auch jahrelang nicht gesehen hatte. Sie war genau mein Jahrgang. Insgeheim staunte ich darüber, wie alt, leidend und apathisch sie mit ihren sechsundvierzig Jahren neben der älteren Schwester wirkte.

Da wir gerade beim Thema waren, berichtete sie mir ausführlich, daß sie seit ihrem dreiundvierzigsten Lebensjahr unter starken Wechseljahrsbeschwerden leide und sich alle vier Wochen für sieben Tage ins Bett legen müsse. Sie bewege sich insgesamt möglichst wenig und unternehme so gut wie nichts. Sie zählte verschiedene Symptome auf: Schlafstörungen, Schweißausbrüche, Herzklopfen, Schwindelgefühle und Hitzewallungen.

»Eigentlich bin ich kaum noch in der Lage, meinen Haushalt zu versehen«, erzählte sie. »Zu Familienfesten fahre ich nur noch, wenn ich mich danach fühle, und gehe immer sehr früh nach Hause, weil ich nur in meinem eigenen Bett schlafen kann.«

Ich wußte, daß sie keine Kinder hatte und seit ihrer Verheiratung nicht berufstätig war. Sie hatte einen sehr liebevollen und ausgezeichnet verdienenden Ehemann, also weder familiäre noch finanzielle Sorgen. Ihr Problem war eher, daß sie zuviel Zeit für sich hatte und sich langweilte. Sie sagte, sie denke unentwegt darüber nach, daß sie älter und unattraktiver werde. Auch fürchte sie sich vor allen möglichen Krankheiten.

Diese Geschichte habe ich aus gutem Grund so genau geschildert. Sie läßt erkennen, wie stark die innere Einstellung für das Wohlbefinden oder Unwohlsein während des Klimakteriums verantwortlich ist. Wenn Sie über einen längeren Zeitraum unter sehr unangenehmen Be-

gleiterscheinungen zu leiden haben, lassen Sie sich von einem Homöopathen beraten und unbedingt von einem guten Arzt aufklären.
Mangelhaftes Wissen kann auf diesem Gebiet sehr verhängnisvoll sein. So stellte sich erst später heraus, daß das Rückenleiden, das zur vorzeitigen Pensionierung der älteren der beiden Schwestern geführt hatte, meiner jüngeren Cousine, von der ich Ihnen berichtet habe, auf das Konto der Wechseljahre ging. Dabei läßt sich gegen den Knochenabbau infolge eines Hormonmangels durchaus etwas tun.

Die Osteoporose

Vor über elf Jahren besuchte ich die bettlägerige Frau eines pensionierten Kollegen anläßlich ihres fünfundsechzigsten Geburtstages. Ich kannte sie nur flüchtig und war ihr höchstens zwei- oder dreimal begegnet.
Das einzige, was ich über ihre Krankheit gehört hatte, war, daß sie seit ihrer Geburt an einer Hüftluxation litt. Heutzutage läßt sich eine Hüftverrenkung bei Säuglingen erfolgreich behandeln, in ihrer Kindheit gab es jedoch noch keine Heilungsmöglichkeit, und ich nahm an, daß sich ihr Zustand im Laufe der Jahre durch die Belastungen der Hüfte beim Stehen und Gehen so verschlimmert hatte, daß sie jetzt ans Bett gefesselt war.
Bei meinem Besuch setzte sie mir jedoch auseinander, daß sie Osteoporose habe, eine Krankheit, die auch unter dem Begriff »Knochenschwund« bekannt ist. Sie verursache ihr bei jedem Schritt starke Schmerzen. Daher lag sie fast immer und stand nur einige Male am Tag für kurze Zeit auf, um die Mahlzeiten zuzubereiten. Alles andere erledigten ihr Mann und eine Zugehfrau.
Die arme Frau, dachte ich, als ich nach Hause ging. Erst

eine Hüftluxation in der frühen Kindheit und nun auch noch Knochenschwund!
Daß die erste Krankheit ursächlich mit der zweiten zusammenhing und daß Bewegungsmangel eine der Hauptursachen für Osteoporose ist, wußte ich damals noch nicht. Auch die Gedanken, daß diese Erkrankung etwas mit fortschreitendem Alter zu tun hat, daß jede Frau davon bedroht ist und ich gar selber gefährdet sein könnte, lagen mir da noch fern.
Jahre später besuchte ich mit meinem Mann eine seiner Tanten, die damals dreiundsechzig war. Wir hatten sie zwei Jahre lang nicht gesehen und außer kurzen Weihnachtsgrüßen nichts von ihr gehört.
Bei der Begrüßung wunderte ich mich, wie klein sie war. Ich hatte sie viel größer in Erinnerung! Als wir uns nach ihrem Befinden erkundigten, sprudelte es temperamentvoll aus ihr heraus: »Ach, schlecht geht's mir! Ich habe es mit dem Rücken. Im letzten Jahr bin ich zehn Zentimeter kleiner geworden und konnte kaum noch stehen. Daraufhin hat mir der Doktor ein Korsett angepaßt, das ich immer tragen muß und das mich aufrecht hält. Seitdem haben die Schmerzen etwas nachgelassen!«
Ich hörte staunend zu. Daß ein Mensch innerhalb eines Jahres um zehn Zentimeter schrumpfen konnte! Natürlich, die Menschen werden im Alter kleiner, aber über die Ursachen hatte ich mir noch nie Gedanken gemacht.
Drei Jahre danach kam ich mit einer kleinen alten Dame ins Gespräch, deren Schwiegertochter ich gut kannte. Sie war über achtzig und erzählte mir, daß sie erst kürzlich wegen eines Beinbruchs im Krankenhaus war.
»Ja, ja«, seufzte sie. »Ich habe die Glasknochenkrankheit und breche mir sehr oft etwas. Es genügt, daß ich in der Wohnung hinfalle, und schon habe ich mir etwas gebrochen. Ich muß ja so aufpassen!«

Nachdem ich mich verabschiedet hatte, dachte ich bei mir: Was es nicht alles gibt! Glasknochenkrankheit! Bestimmt ein angeborener Fehler. Man muß wirklich froh und dankbar sein, wenn man gesund ist!

Die Glasknochenkrankheit kommt nur sehr selten vor und ist tatsächlich angeboren. Schon bei der Geburt oder beim Wickeln können einem kranken Kind die Knochen brechen. Der Knochen ist zu spröde, Bindegewebe und Knorpelmasse sind zu schwach, und meistens sterben die Betroffenen in jungen Jahren. Eine Frau, die an der Glasknochenkrankheit leidet, hat kaum eine Chance, eine Schwangerschaft zu überleben. Die Schwiegertochter der alten Dame hingegen war der Ansicht, daß die Diagnose »Glasknochenkrankheit« nicht zutraf und die Frau erst im Alter so zerbrechlich geworden sei. Sie glaubte, daß ihre Schwiegermutter einfach besser aufpassen müsse. Von der wirklichen Ursache hatte auch sie keine Ahnung.

Drei Geschichten – drei Schicksale – drei verschiedene Krankheitsbilder! Zu keiner Zeit kam mir der Verdacht, daß diese drei Fälle irgend etwas miteinander zu tun haben könnten. Tatsächlich aber handelte es sich um nichts anderes als um drei verschiedene Erscheinungsformen ein und derselben Krankheit: Osteoporose!

Ich erfuhr das vor weniger als einem Jahr, als ich im Gesundheitsteil einer Frauenzeitschrift las, daß Frauen in den Wechseljahren von Knochenentkalkung, also Osteoporose, bedroht sind. Vorbeugend – so las ich – wirke eine kalziumreiche Ernährung.

Tatsächlich stellen Milch und Kalktabletten eine wirkungsvolle Prophylaxe gegen Entkalkung im Klimakterium dar. Da die Entkalkung eine typische Wechseljahrsbeschwerde ist, zu Knochenbrüchen, zur Verminderung der Körpergröße und zum Witwenbuckel führen und dadurch sehr schmerzhaft werden kann, sollte man diesen Aspekt des Älterwerdens auf keinen Fall ignorieren. Ebenso unklug wäre es, sein Alter nicht zugeben oder aus Gründen der Scham grundsätzlich nicht über die Wechseljahre sprechen zu wollen.

Als ich begann, mich intensiv mit dem Thema Wechseljahre zu beschäftigen, erfuhr ich, daß die Beschwerden weitgehend psychisch bedingt sind: häufige Kopfschmerzen, Schlafstörungen, Hitzewallungen, nervöse Verstimmungen, Schweißausbrüche, Schwindelgefühle und Herzklopfen.

Ernstliche Beschwerden körperlicher Art hingegen sind die Osteoporose (Knochenschwund), Inkontinenz (Schwierigkeiten, den Urin zu halten) und Neigung zum Herzinfarkt.

Diese gravierenden Leiden sind auf einen Rückgang der körpereigenen Östrogenproduktion zurückzuführen. Höchst unangenehm können in diesem Zusammenhang auch folgende Erscheinungen werden: das Erschlaffen von Haut und Brüsten sowie die Rückbildung der Scheiden-, Harnröhren- und Harnblasenschleimhäute. Letztere verursacht eine starke Anfälligkeit für Entzündungen. Bei der Scheidenschleimhaut kommt hinzu, daß durch die Tatsache, daß die Scheide trocken wird, Schmerzen beim Geschlechtsverkehr entstehen können.

Vorbeugend wirken folgende Maßnahmen:
- eine vernünftige Ernährung,
- Vermeidung von Giften wie Alkohol, Kaffee, Tee und Nikotin,
- ausreichend Bewegung und
- die Östrogenersatztherapie.

Das Bewußtsein darüber, was Sie alles gegen die beunruhigenden Gefahren, die die Wechseljahre mit sich bringen, machen können, verändert vielleicht auch Ihre Einstellung zu so mancher gesundheitsschädlichen Angewohnheit!
Ich jedenfalls führe, seitdem ich das alles weiß, viele Arten von Bewegungen gezielt und mit besonderer Freude aus. Obgleich ich früher oft lustlos war, wenn mich mein Mann in den Alpen zum Wandern nötigte, bringe ich dem Bergsteigen jetzt, da mir bewußt ist, wieviel für mich davon abhängt, direkt Begeisterung entgegen.
Durch eine Befragung meines großen Bekanntenkreises stellte ich fest, daß die meisten das Wort Osteoporose noch nie gehört hatten oder nicht wußten, was es eigentlich damit auf sich hatte. Dabei habe ich ausschließlich Frauen über vierzig befragt.
Ich selber ging sofort zu meiner Ärztin, nachdem ich am 2. 2. 1989 eine aufrüttelnde Fernsehsendung über die Osteoporose im »Gesundheitsmagazin Praxis« gesehen hatte (in der übrigens auch eine Befragung von Straßenpassanten gezeigt wurde, die auf die Frage »Wissen Sie, was Osteoporose ist?« genausowenig zu antworten wußten wie meine Bekannten).
Zum erstenmal sah ich es seit meiner Operation als einen Nachteil an, keine Gebärmutter mehr zu haben. Wie sollte ich erkennen, daß meine Hormonproduktion nachließ, wenn ich gar keine monatliche Blutung mehr hatte und daher auch keine Unregelmäßigkeiten beobachten konnte, die ein sicheres Anzeichen dafür sind?
Meine Ärztin nahm mir etwas Blut aus der Armvene ab und eröffnete mir einige Tage später, daß mein Östrogenspiegel noch völlig normal sei. Die Betonung lag allerdings auf dem Wörtchen noch. »Das kann sich bald

ändern!« schärfte sie mir ein. »Lassen Sie ab jetzt ihr Blut halbjährlich auf seinen Östrogengehalt untersuchen. Wenn sich etwas ändert, kann eine Ersatztherapie erforderlich werden.«
In etwa zur gleichen Zeit besuchte ich meine vier Jahre jüngere Schwester und erzählte ihr, warum ich kürzlich bei meiner Ärztin gewesen war, was ich bisher über Osteoporose erfahren hatte und daß ich zur Zeit mit großem Interesse das Buch »Wechseljahre« von Dr. M. Raff las.
Daraufhin borgte mir meine Schwester ein Buch mit dem Titel »Aufrecht bis ins hohe Alter«, auf dessen Titelseite eine Grafik mit zwei Frauen zu sehen ist, die rechts und links von einer Meßlatte stehen. Die eine Frau ist offensichtlich jung, da aufrecht und groß, die andere offenbar alt, da gebeugt und wesentlich kleiner.
»Lies dir das in Ruhe durch!« forderte mich meine Schwester auf. »Ich habe das Buch schon gelesen, und es hat mir sehr viel gebracht!«
»Sag mal, wie bist du auf dieses Buch gekommen?« fragte ich sie erstaunt. »Wieso beschäftigst du dich schon in deinem zarten Alter damit?«
»Das Thema hat mich fasziniert«, sagte sie. »Nachdem ich das Buch gelesen hatte, habe ich meine Lebensweise komplett umgekrempelt!«
Ich verschlang das Buch regelrecht. Danach gab ich es an meine um fünf Jahre jüngere Schwester weiter, die nach der Lektüre ihre Eßgewohnheiten ebenfalls änderte, die neuen Speisen mit größtem Appetit verzehrte und dabei das gute Gefühl hatte, etwas Wichtiges für ihre Gesundheit zu tun.
Auch meine Cousine Thea, die vierundsechzig Jahre alt ist und schon seit Jahren aufgrund von Osteoporose

unter starken Schmerzen leidet, las das Buch mit Gewinn. Denn neben der Vorbeugung zeigt es auch, wie man sich bei fortgeschrittener Osteoporose durch Gymnastik und Medikamente Hilfe und Erleichterung verschaffen kann.

Selbst meiner fünfundzwanzigjährigen Tochter drückte ich das Buch in die Hand: In ihrem Alter kann man noch viel tun, um die Knochenmasse aufzubauen, zum einen durch eine kalziumbewußte Ernährung und zum anderen durch körperliche Aktivität. Jungen Frauen gibt das Buch zudem eine Anleitung, wie sie schon während der Schwangerschaft die Knochenmasse des Babys positiv beeinflussen können.

In unserem Alter hingegen – eigentlich schon ab dem sechsunddreißigsten Lebensjahr – kann man nur noch versuchen, die vorhandene Knochenmasse zu erhalten. Dazu gibt das Buch wichtige Hinweise: Unter anderem werden darin gezielte gymnastische Übungen beschrieben, Tabellen über den Gehalt wichtiger Mineralien in unseren Lebensmitteln veröffentlicht und Ratschläge darüber, wie man mit wenig Aufwand seine Mahlzeiten gleichzeitig kalziumreicher und schmackhafter zubereiten kann, erteilt.

In der Tat haben wir eine wesentlich bessere Ausgangssituation im Alter, wenn es uns gelingt, die Knochenmasse bis zum Einsetzen des Klimakteriums zu erhalten. Hierzu ist es wichtig zu wissen, daß der Knochen kein fertiges Gebilde ist, das, einmal aufgebaut, ein Leben lang unverändert bleibt. Vielmehr werden die Knochenzellen ständig abgebaut und müssen daher auch ständig wieder aufgebaut werden.

Für den Knochenaufbau sind neben einer kalziumreichen Ernährung vor allem Bewegung in Form von Spa-

ziergängen, Wandern, Radfahren, Seilspringen oder Gymnastik von großer Bedeutung, denn jede Bewegung stärkt die Muskeln, und diese wiederum stützen die Knochen.
Schon kleine Muskelbewegungen fördern den Knochenaufbau. Vor maßloser Übertreibung sollte man sich allerdings hüten. Auch darauf weist das Buch »Aufrecht bis ins hohe Alter« hin: Es belegt, daß sich bei Frauen sehr anstrengende und zeitlich ausgedehnte körperliche Aktivitäten negativ statt positiv auf die Knochenmasse auswirken.
Die meisten Frauen haben allerdings eher das umgekehrte Problem, aus Unwissenheit zuwenig getan zu haben. Das beweist allein schon die Tatsache, daß Frauen zehnmal häufiger als Männer Knochenbrüche erleiden. Männer sind von klein auf körperlich aktiver und bilden dadurch mehr Knochenmasse. Diesem Umstand und ihrem andersartigen Hormonhaushalt verdanken sie es, daß der Knochenschwund bei ihnen in der Regel erst ab dem fünfundsiebzigsten Lebensjahr zu Problemen führt.
Bei Frauen dagegen setzen die Probleme oft schon ab dem fünfundfünfzigsten Lebensjahr ein. Rückenwirbel brechen, verursachen Schmerzen und den Witwenbuckel; Arm- und Beinbrüche geschehen ohne große Gewalteinwirkung und schon bei leichten Stürzen auf ebenem Boden oder durch einen geringfügigen Schlag auf die Knochenkante. Auch der gefürchtete, oft lebensbedrohliche Oberschenkelhalsbruch tritt überwiegend bei Frauen auf. Die Heilungschancen sind schlecht: Durch das lange Liegen erschlafft der gesamte Organismus, und die durchschnittliche Lebenserwartung sinkt auf eineinhalb Jahre. (Seit kurzem gibt allerdings eine neue Behandlungsmethode Hoffnung auf eine schnel-

lere Heilung. Man ersetzt den gebrochenen Oberschenkelhals durch einen künstlichen.)
Die Großmutter meines Mannes brach sich im Alter von achtzig Jahren den Oberschenkelhals, indem sie in der Küche umknickte und hinfiel. Sie lebte allerdings dank der liebevollen Pflege ihrer zwei ledigen Töchter noch weitere achteinhalb Jahre. Aber sie hat nach dem Sturz unermeßlich gelitten und ihren Töchtern sehr viel Geduld und Opfer abverlangt.
Bestimmt fallen Ihnen dazu auch Beispiele aus Ihrem Bekanntenkreis ein. Wenn man weiß, daß heute zwei bis sechs Millionen Menschen an Osteoporose leiden und die meisten von ihnen Frauen jenseits der Wechseljahre sind, sollte einen das ausreichend zu vorbeugenden Maßnahmen motivieren.
Zum Glück gibt es inzwischen eine Menge Bücher über die Wechseljahre, die das bestehende Informationsdefizit, das so fatale Folgen haben kann, aufarbeiten. Eine Auswahl davon finden Sie im Literaturverzeichnis am Ende dieses Buchs unter dem Stichwort »Osteoporose«.
Für bereits Betroffene ist der Erfahrungsaustausch wichtig. Sie können sich an den deutschen Osteoporose-Verband oder eine Selbsthilfegruppe wenden, deren Adressen Sie ebenfalls im Anhang finden.

Inkontinenz

Die Harn-Inkontinenz oder, anders ausgedrückt, der unkontrollierte Harnabgang ist ein besonders heikles Thema, über das keiner gerne spricht. Aus diesem Grund leiden viele Frauen still vor sich hin und fühlen sich sehr zu Unrecht und vielfach völlig unnötig diskriminiert oder gedemütigt, wenn man auf Inkontinenz zu sprechen kommt.

So jedenfalls habe ich es empfunden, als ich anfing, Informationen über dieses Thema zu sammeln. Ich fühlte mich ganz auf mich gestellt, da es — anders als bei der Osteoporose — schier unmöglich war, mit anderen Frauen über Blasenschwäche zu reden. Ich wagte es nicht einmal, meine beste Freundin auf das Thema anzusprechen.
Dabei könnte etwas mehr Offenheit unendlich hilfreich sein. In diesem Kapitel möchte ich versuchen, das Problem aus seiner Tabuzone zu befreien, indem ich Ihnen meine persönlichen Erfahrungen auf diesem Gebiet schildere. Die ersten Beschwerden kündigten sich bei mir bereits an, bevor ich das vierzigste Lebensjahr erreicht hatte. Ich erzählte meinem Arzt davon — was peinlich genug war, weil ich keinen Namen für dieses Leiden kannte und es daher verschämt umschrieb! Ohne viele Worte verschrieb er mir eine große Packung Tabletten.
»Gegen Miktionsstörungen« stand oben auf dem Beipackzettel. Nachdem ich den Zettel ganz durchgelesen und alle möglichen negativen Begleiterscheinungen der Tabletten zur Kenntnis genommen hatte, verzichtete ich auf deren Einnahme. Ich verlor hin und wieder nur einige Tropfen Urin und wollte mich nicht mit unnötig viel Chemie vollstopfen. Nach nicht allzulanger Zeit wurden die Beschwerden intensiver. Doch dann wurde bei mir die Gebärmutterentfernung vorgenommen, und damit war der Schaden erstmal behoben.

Es vergingen einige Jahre, da traten die unangenehmen Symptome erneut auf: Bei jedem Lachen, Husten und Niesen ging, wenn auch tropfenweise, unfreiwillig etwas Urin ab. Von einem Arztbesuch versprach ich mir nicht viel. Mein Arzt hatte mir gesagt, daß der Urinabgang mit

meiner myomatösen Gebärmutter zusammenhing und durch deren operative Entfernung gelindert werden würde.
Die Operation hatte ich ja schon hinter mir, und ich dachte, nun damit leben zu müssen. Ich hielt meine Beschwerden für eine individuelle Blasenschwäche, von der ich lieber keinem erzählen wollte.
Doch nach und nach fielen mir in Illustrierten und Zeitungen gewisse Anzeigen auf, die sich an Menschen wendeten, die an Inkontinenz litten. Nun kannte ich wenigstens den Namen meines Leidens. Außerdem wurde mir klar, daß ich so alleine nicht sein konnte, wenn mehrere Firmen von dem Absatz dieser speziellen Produkte leben konnten.
Diese Erkenntnis war dennoch kein Trost. Vielmehr deprimierten mich die Anzeigen, zeigten sie mir doch, daß ich erst am Anfang eines Leidensweges zu stehen schien. Ich erkannte, daß es lediglich Produkte gab, die das Leiden erträglicher machen konnten, aber keine Heilung.
Glücklicherweise widmete bald darauf das Fernsehen diesem Problem einen Beitrag. Am 10. 3. 1988 wurde in der Sendung »Gesundheitsmagazin Praxis« die Harn-Inkontinenz oder Blasenschwäche vorgestellt. Ich erfuhr, daß bei uns jede zweite Frau, zumindest zeitweilig, unkontrolliert Harn verliert. Gleichzeitig wurde aufgezeigt, daß die Diagnostik und Therapie inzwischen wesentliche Fortschritte gemacht haben.
Die Mediziner unterscheiden zwei Arten der Inkontinenz: die Streß- oder Belastungsinkontinenz und die Dranginkontinenz. Die erstgenannte war offensichtlich die, an der ich litt. Hierbei ist das geschwächte Verschlußsystem der Blase einer Erhöhung des Druckes im

Bauchraum – beispielsweise durch Niesen oder Husten – nicht mehr gewachsen. Doch gerade für diese Form gibt es ein höchst wirkungsvolles Mittel: Beckenbodengymnastik! Durch gezieltes Muskeltraining kann der erschlaffte Beckenboden so gestärkt werden, daß bei kleineren Belastungen kein Harn mehr unkontrolliert abgeht.

Das waren erfreuliche Aussichten! Die Sendung wies auf Bücher hin, die Anleitungen für das Beckenbodenmuskel-Training enthalten. Eine der Übungen wurde sogar vorgeführt, und ich nahm sie umgehend in mein tägliches Morgengymnastikprogramm auf: Flach auf den Rücken legen, die Beine anwinkeln, und die Füße dabei mit einer Fußbreite Abstand auf dem Boden lassen. Die Hände, mit den Handflächen nach außen, in Knienähe zwischen die Oberschenkel legen, den Oberkörper dabei anheben. Versuchen Sie nun, die Knie zusammenzupressen, während sie durch die Hände kräftig auseinandergedrückt werden. Durchhalten, solange die Puste reicht, und mehrmals wiederholen.

Außerdem nahm ich wieder mehrere Übungen in mein Programm auf, die ich als Wochenbettgymnastik kennengelernt hatte. Darüber hinaus vermied ich es, schwere Lasten zu heben oder zu tragen. Der weibliche Unterleib ist nun mal so zerbrechlich konstruiert, daß schwere Gewichte zu Schäden führen können. Das ist uns Frauen nur zu oft nicht gegenwärtig oder gar nicht bekannt.

Nach wenigen Monaten konsequenter Durchführung der allmorgendlichen Übungen verschwanden meine Symptome. Inzwischen bin ich über ein Jahr beschwerdefrei und kann wieder unbesorgt lachen, husten und niesen. Ich turne meinen Schülern sogar wieder den »Hampel-

mann« vor, ohne daß etwas passiert. Das hatte ich jahrelang nicht gekonnt. Allerdings gehe ich immer noch unmittelbar vor der Turnstunde auf die Toilette.
Auch trinken kann ich wieder, soviel ich will. Aus lauter Angst vor ungewolltem Harnverlust, wenn ich außer Haus war, nahm ich so wenig Flüssigkeit zu mir, daß ich Kreislaufstörungen bekommen hatte: Mein Blutdruck wurde dadurch so niedrig, daß ich mich oft nur mühsam auf den Beinen halten konnte. Beim Aufstehen wurde mir häufig schwarz vor den Augen. Doch mir war damals nicht klar, woher das kam, und auch mein Arzt sagte es mir nicht. Er verschrieb mir nur blutdrucksteigernde Mittel.
Eine Krankenschwester machte mich eines Tages darauf aufmerksam, daß ich entschieden zuwenig trinke. Inzwischen nehme ich täglich problemlos zwei bis drei Liter Flüssigkeit zu mir. Meine Blasenschwäche verschwand, und mein Blutdruck ist vorbildlich.
Obgleich ich glücklich war, die Inkontinenz so schnell in den Griff bekommen zu haben, beunruhigte mich die Frage nach den Ursachen der Muskelschwäche. Denn nur wer die Ursachen eines Leidens kennt, kann sie auch vermeiden oder dagegen angehen.
Daß eine vergrößerte Gebärmutter auf die Blase drücken kann, ist logisch. Das hatte ich ja selbst vor Jahren erlebt und meine Konsequenzen daraus gezogen. Aber wodurch war meine Beckenbodenmuskulatur so geschwächt? Ich hatte auf Anraten meines Arztes noch am Tag nach jeder Entbindung mit der Wochenbettgymnastik begonnen und sie mindestens ein halbes Jahr lang konsequent durchgeführt, bis mein Bauch seine ursprüngliche Form wiedererlangt hatte. Demnach hätte sich doch in dieser Zeit auch die Muskulatur des Beckenbodens regeneriert haben müssen!

Durch ein Gespräch mit meiner Ärztin und einer Leiterin eines Altersheimes sowie das Buch »Harninkontinenz ist überwindbar« von Helle Gotved habe ich folgende mögliche Ursachen für die Erschlaffung der Bekenbodenmuskulatur zusammengetragen: Bewegungsmangel, falsches Stuhlverhalten, falsches Verhalten beim Harnlassen, Blasenentzündungen, Heben und Tragen schwerer Lasten und schließlich Übergewicht.
Sie sehen, es handelt sich um Ursachen, die weitgehend vermeidbar sind.
Sollten Sie bereits unter Inkontinenz leiden, so kann Ihnen oben erwähntes Buch sehr gute Anleitungen zu einem richtigen Verhalten geben. Im Anhang des vorliegenden Buchs finden Sie darüber hinaus weitere empfehlenswerte Titel zu diesem Thema (Punkt 5: »Inkontinenz«).
Den Frauen, die noch keine Beschwerden haben, sei gesagt, daß die beste Vorbeugung regelmäßige Übungen sind, die den Beckenboden trainieren. Meiner Meinung nach ist übrigens auch die nachlassende sexuelle Aktivität eine der Ursachen, die den Beckenboden erschlaffen läßt, da beim Geschlechtsverkehr die Beckenbodenmuskulatur stärker durchblutet wird und dadurch wie jeder andere trainierte Muskel ihre Spannkraft leichter behält. Wenn wir unseren alternden Ehemann nicht zu größeren Leistungen anspornen können, müssen wir den Mangel durch Gymnastik ausgleichen!
Was die Dranginkontinenz betrifft, so erscheint sie vorrangig bei Frauen jenseits der Wechseljahre. Durch den zunehmenden Hormonmangel kommt es immer wieder zu Reizerscheinungen in der Blase. Dagegen können Östrogene hilfreich eingesetzt werden (siehe nächstes Kapitel!).

Spezielle Ursachen für die Dranginkontinenz sind Nervenversorgungsstörungen der Blase, Infekte und psychosomatische Störungen (alles, was Sie belastet, belastet auch Ihren Beckenboden!).
In jedem Fall sollte ein Arzt zu Rate gezogen werden. Man sollte ihm die Symptome ganz genau und ohne Scheu schildern. Nur so kann er gezielt helfen!

Die Hormonpille

Die medizinischen Erkenntnisse der letzten Jahrzehnte haben viele Ursachen und Folgen der Wechseljahrsbeschwerden aufgedeckt. Man hat herausgefunden, daß wir vielen Beschwerden durch eine kalziumreiche Ernährung und körperliche Aktivität vorbeugen können. Darüber hinaus hat die Wissenschaft eine wahre Wunderwaffe gegen die Auswirkungen der Wechseljahre entwickelt: die Hormonpille.
Die Erfahrungswerte sagen uns heute, daß sie gegen alle psychischen und physischen Wechseljahrsbeschwerden hilft: Knochenschwund läßt sich durch die Hormonpille tatsächlich aufhalten, Inkontinenz verschwindet, die Schleimhäute werden durchsaftet, Haut und Teint wirken wieder frisch und jugendlich, die Brüste werden bzw. bleiben straffer, und mit den körperlichen Beschwerden verschwinden auch die seelischen!
Wozu also lange überlegen? Warum gibt man nicht allen Frauen die Hormonpille, sobald eine unregelmäßig werdende Menstruation den Beginn der Wechseljahre ankündigt?
Sowohl die Mediziner als auch die Frauen selbst haben hier Bedenken: Schließlich ist jedes regelmäßig eingenommene Medikament ein Eingriff in die normalen

Abläufe eines Organismus und zeigt außer seiner beabsichtigten Wirkung auch immer unbeabsichtigte Nebenwirkungen. Eine Hormonsubstitution — wie sie durch die Hormonpille bewirkt wird — darf eigentlich erst dann erfolgen, wenn ein Defizit vorliegt.

Das Einsetzen des Klimakteriums allein ist aber noch kein Defizit. Es ist inzwischen erwiesen, daß ein Drittel aller Frauen diese Zeit problemlos, das heißt, ohne irgendwelche psychischen oder physischen Beschwerden übersteht. Ein weiteres Drittel leidet unter vegetativen Störungen, wie Schweißausbrüchen, Hitzewallungen und Schlafstörungen. Die Betroffenen können das weitgehend kompensieren, indem sie sich durch interessante Beschäftigungen ablenken.

Nur das verbleibende Drittel zeigt derart ausgeprägte Symptome, daß sie einen Krankheitswert erreichen. Für diese Frauen kommt eine Hormonbehandlung eventuell in Frage, allerdings muß ein Arzt auch in diesen Fällen durch eine gründliche Untersuchung abwägen, ob die Hormongabe ratsam ist, denn auf dem Gebiet der Hormonpille gibt es noch viele Unsicherheiten. Noch streiten die Experten darüber, ob überhaupt Hormone gegeben werden sollten, und wenn ja, wie lange.

Die Erfahrungen, die man mit der Hormonpille hat, sind erst fünfzehn bis zwanzig Jahre alt. Meist werden die Östrogene zehn bis zwölf Jahre lang verabreicht, also bis etwa zum fünfundsechzigsten Lebensjahr. Das ist der Zeitpunkt, ab dem eine natürliche Verlangsamung des Knochenverlustes eintritt.

Man war einige Jahre lang der Ansicht, daß eine künstliche Hormonzufuhr über einen längeren Zeitraum krebsauslösend sein kann. Dies ist inzwischen widerlegt. Es besteht allerdings nach wie vor der Verdacht, daß sie einen bereits existierenden Krebs im Wachstum fördert, sofern dieser hormonabhängig ist.

Auch die Annahme, daß durch Östrogengaben das Thromboserisiko steigt, gilt heute als widerlegt. Doch es gibt viele Ärzte, die der Ansicht sind, daß die zugeführten Östrogene die Leber schädigen können. Professor Dr. med. Breckwoldt, ärztlicher Leiter der Abteilung Gynäkologie/Endokrinologie an der Universität Freiburg, meint dazu, daß die in den Wechseljahren verabreichten Hormone den bis dahin vom Körper selbst produzierten Hormonen so ähnlich seien, daß die Leber sie leicht verkrafte.

Ist die Leber allerdings schon geschädigt, so sollte man die Hormonpille durch Cremes oder eine Pflasterbehandlung ersetzen. Die sogenannten Hormonpflaster gibt es seit 1987. Sie werden auf die verlängerte Rückenpartie geklebt, von wo aus die Hormone in geringer Dosis direkt von der Haut aufgenommen werden und an die Stelle gelangen, an der sie wirken sollen, ohne die Leber zu belasten.

Im Gespräch mit meiner Ärztin, die noch einige Jahre bis zum Klimakterium vor sich hat, hörte ich heraus, daß sie für sich selbst noch keine Entscheidung für oder gegen eine Hormonbehandlung getroffen hat. Ihren Patientinnen empfiehlt sie, wenn überhaupt, dann das Hormonpflaster als die schonendere Methode vorzuziehen.

Doch auch die Erfahrungen mit dem Hormonpflaster sind noch zu neu, als daß man schon sichere Aussagen darüber machen könnte. Es wurde erst seit 1988/89 verstärkt in Gebrauch genommen.

Ich selber habe noch den Ehrgeiz, meine Knochensubstanz und die wichtigen Funktionen meines Körpers auf natürlichem Weg zu erhalten: durch die richtige Ernährung, durch Bewegung und durch die Freude an neuen Aufgaben und Zielen. Sollten sich in den nächsten Jahren trotz meiner Bemühungen massive Beschwerden irgendeiner Art einstellen, so bleibt mir die Hormontherapie immer noch als letzte Rettung. Das ist ein beruhigender Gedanke.

Falsch hingegen wäre es, sich auf die faule Haut zu legen, sich unkontrolliert zu ernähren und sich in dem Bewußtsein zu wiegen, daß man jetzt selbst nichts mehr für sein Wohlbefinden tun müsse, da es ja für alles die richtige Pille gibt.

In diesem Zusammenhang möchte ich Ihnen Monika vorstellen, deren Mutter an Knochenschwund gelitten hat. Monikas Gynäkologe bestätigte ihr, daß Frauen, deren Mütter von Osteoporose betroffen waren, weit eher zu dem gefährdeten Personenkreis gehören als andere. Trotzdem gab der Frauenarzt Monika nicht einfach die Hormonpille, sondern stellte zunächst durch eine Computer-Tomographie fest, daß der Knochenabbau bei ihr bereits begonnen hatte. Ebenso wichtig war die folgende Untersuchung der Brust durch Ultraschall und Mammographie auf ein etwa vorhandenes Karzinom.

Da sich dafür keinerlei Anhaltspunkte ergaben, wurde Monika eine Hormonpille verschrieben. Seit sie sie nimmt, muß sie jedes halbe Jahr zur Kontrolle. Zu Hause überläßt sie ihre Gesundheit dennoch nicht den Hormonen, sondern ernährt sich kalziumreich und betreibt verschiedene sportliche Tätigkeiten, nämlich Schwimmen, Radfahren, Kegeln und Gymnastik.

Ausführliche Informationen über das Für und Wider der Östrogentherapie können Sie in dem erwähnten Buch

»Aufrecht bis ins hohe Alter« nachlesen. Aber auch andere Bücher über die Wechseljahre beschäftigen sich mit diesem Thema.
Ich denke, daß die Hormonsubstitution bei einer vorherigen gründlichen Untersuchung und unter ständiger ärztlicher Überwachung durchaus gesundheitliche Vorteile hat und man damit kein ernsthaftes gesundheitliches Risiko eingeht.
Ich persönlich bin zwar nicht gewillt, als Versuchskaninchen zu dienen, und benötige zur Zeit auch keine Hormontherapie, doch ich finde es wichtig und erfreulich, daß viele Frauen den Mut dazu aufbringen. Nur so können die Forscher zu neuen Aufschlüssen und Erkenntnissen gelangen, die Grundlage für weitere Verbesserungen sind und den Generationen nach uns zugutekommen werden.

Der fünfzigste Geburtstag

In meiner Kindheit und Jugend habe ich öfters an Feiern zu einem fünfzigsten Geburtstag teilgenommen: Mein Vater wurde fünfzig und der eine oder andere Nachbar sowie verschiedene Onkel und Kollegen meines Vaters ebenfalls. Niemals aber habe ich erlebt, daß eine Frau fünfzig wurde! Für ihren Ehemann scheute sie weder Kosten noch Mühe, um seinen Ehrentag so festlich wie möglich zu gestalten. Doch für sich selber? Scheute sie etwa die zusätzliche Arbeit an ihrem Geburtstag – wohl wissend, daß ihr Mann wohl kaum einen Finger rühren würde, um sie groß zu feiern? Oder steckte übertriebene Bescheidenheit dahinter?
Beide Gründe spielten – wie ich später herausfand – nur eine untergeordnete Rolle. Vielmehr galt es für eine Frau ganz einfach als Schande, älter als fünfzig zu sein: Dann war der Lack ab, der Putz runter, und sie gehörte zum alten Eisen. So die landläufige Meinung.
Ein Mann dagegen wird mit fünfzig erst »interessant«. Ein Mann mit grauen Schläfen ist begehrt. Vor einem Mann um die Fünfzig liegt die Zukunft!
Diese Vorurteile werden größtenteils jedoch weniger von den Männern, sondern traurigerweise von uns Frauen selbst aufrechterhalten. Gewissenhaft reichen wir diese Vorstellungen an unsere Töchter weiter: Wenn ein Mädchen mit achtzehn Jahren noch keinen Freund hat, heißt es nur allzu schnell: »Die kriegt keinen ab!«. Wenn eine

Frau erst mit neunundzwanzig heiratet, tuscheln viele: »Ein spätes Mädchen!« Und heiratet gar eine erst mit vierzig, dann raunen sich die Frauen heute noch oft zu: »Warum heiratet die noch – das Leben ist doch schon vorbei!«

Heiratet hingegen ein junger Mann unter dreißig, so heißt es oftmals: »Der ist noch viel zu jung für die Ehe. Der sollte sich erst einmal die Hörner abstoßen!« Heiratet er mit fünfunddreißig, heißt es, das sei das beste Alter zum Heiraten. Und ist ein Mann gar mit fünfundvierzig noch Junggeselle, dann hört man: »Der hat recht! Zum Heiraten ist immer noch Zeit genug!«

Viele von uns haben sich durch solche Reden stark beeinflussen lassen. Unser Denken ist von unseren Müttern geprägt worden, und die hatten diese Ansichten von unseren Großmüttern übernommen.

Genau wie die Generation vor uns, denken viele von uns, durch das Ignorieren unseres fünfzigsten Geburtstags unsere Jugend noch ein wenig verlängern zu können. Man hat Angst, mit fünfzig plötzlich alt zu sein.

Noch bis vor einem Jahr ging es mir ebenso. Heute weiß ich, daß das Unsinn ist. Das Altern setzt genaugenommen in dem Moment, in dem der Körper ausgewachsen bzw. erwachsen ist, ein. Das ist etwa um das vierundzwanzigste Lebensjahr herum!

Genau dann sollte man auch beginnen, den äußerlichen Alterungsprozeß zu verlangsamen. Falls dieser Ratschlag für Sie jedoch ebenso zu spät kommt wie für mich, ist das noch lange kein Grund zur Panik. Denn wie Sie in den vorangegangenen Kapiteln gesehen haben, stehen auch jetzt unsere Chancen, fortschreitende Alterungsprozesse zu verlangsamen, noch gut.

Wir Frauen sollten endlich das Vorurteil ablegen, daß

wir mit fünfzig zum alten Eisen gehören. Allein die Tatsache, daß unsere Lebenserwartung um etwa sechs Jahre höher liegt als die der Männer, sollte uns das Gegenteil klarmachen. Wenn vor einem Mann mit fünfzig Jahren noch eine Zukunft liegt, dann haben wir mit unserer höheren Lebenserwartung erst recht eine.

Der Umstand, daß unsere körperliche Fruchtbarkeit um das fünfzigste Lebensjahr aufhört, sollte noch weniger ein Grund für Minderwertigkeitsgefühle sein! Schließlich haben wir im Durchschnitt zwei bis drei Kinder großgezogen, und es sollte uns nicht stören, daß wir dazu ab jetzt körperlich nicht mehr in der Lage sind. Vielmehr werden wir dadurch von den Problemen, die Menstruation und Verhütung mit sich brachten, entbunden und unsere Gedanken und Energien frei für neue Aufgaben.

Daß Frauen mit fünfzig oft in eine neue Phase der Fruchtbarkeit eintreten, zeigen uns im öffentlichen Leben Politkerinnen wie Rita Süssmuth oder Englands Ex-Premierministerin Margret Thatcher: Sie war über fünfzig, als sie das Amt übernahm, und behauptete sich noch mit über sechzig darin.

Daß Frauen um die fünfzig keineswegs ihre Attraktivität, ihre sexuelle Anziehungskraft, ihre Ausstrahlung, Schönheit und Flexibilität eingebüßt haben müssen, beweisen uns auch eine ganze Reihe von namhaften Schauspielerinnen wie Joan Collins, Uschi Glas, die Keßler-Zwillinge, Petra Schürmann, Sigi Harreis, Maria Sebaldt oder Witta Pohl, um nur einige zu nennen. Alle diese Frauen haben ihren fünfzigsten Geburtstag schon vor geraumer Zeit gefeiert, wirken heute anziehender denn je und stehen beruflich ganz oben. Oft haben sie durch ihre Reife erst die Ausstrahlung gewonnen, für die wir sie so bewundern. Auch sie haben keine Geheim-

rezepte, es sei denn, wir zählen eiserne Disziplin und eine unermüdliche Aktivität dazu!
Mit solchen Vorbildern vor Augen besteht für uns keinerlei Veranlassung, Angst vor dem fünfzigsten Geburtstag zu haben. Im Gegenteil, wir haben allen Grund, stolz auf uns zu sein, denn wir haben schon einiges geleistet und sind noch immer leistungsfähig! Außerdem sind wir noch attraktiv und begehrenswert und werden noch überall gebraucht. Da wir schon ausreichend Erfahrung, aber auch noch genügend Kraft haben, um am Geschehen mitzuwirken, werden wir von der jungen Generation noch beansprucht und von der alten bereits gebraucht.
Auch die Arbeitswelt wäre ohne uns undenkbar: Wir sind die erste Frauengeneration, in der die meisten der Frauen einen Beruf erlernt und die Doppelbelastung von Beruf und Haushalt auf sich genommen haben. Viele von uns stehen nicht nur voll im Berufsleben, sondern bekleiden mittlerweile auch wichtige und verantwortungsvolle Stellen, auch wenn Führungspositionen leider meist immer noch mit Männern besetzt sind. Eine Frau muß offensichtlich immer noch wesentlich besser als ein Mann sein, um auf einen Chefsessel zu gelangen.
Bei ihren Vorgesetzten und Mitarbeitern wird gerade die Frau in der Lebensmitte aufgrund ihrer Zuverlässigkeit, ihrer Erfahrung und der Tatsache, daß sie wegen einer Schwangerschaft nicht mehr für Monate ausfällt, sehr geschätzt.
Ebensowenig kann die Gesellschaft auf unseren Erfahrungsschatz, unsere Verläßlichkeit und Einsatzbereitschaft verzichten. Egal, ob in der Kommune, der Kirche, in gemeinnützigen Einrichtungen oder auf gesellschaftlichen Veranstaltungen – überall sieht man vorwiegend Frauen mittleren Alters, die sich sozial engagieren, tat-

kräftig an der Zukunft arbeiten und diese Aufgaben nicht allein den Männern überlassen, wie es die Frauengenerationen vor uns taten.

Kurzum, wir geben in alle Richtungen und empfangen so wenig, weil wir zu bescheiden sind. Gewiß ist Geben seliger als Nehmen, aber immer nur Geben macht die Kasse leer. Wir haben guten Grund, selbstbewußt aufzutreten und sollten auch einmal fordern. Wir dürfen uns nicht unterbuttern lassen. Dann werden wir spüren, daß keineswegs alles vorbei ist, sondern daß unsere Zukunft eine Perspektive hat und wir keine Angst vor dem fünfzigsten Geburtstag zu haben brauchen.

4.
Ausblicke

Tatsächlich erlebe ich es im Bekanntenkreis in letzter Zeit häufiger, daß eine Frau ihren fünfzigsten Geburtstag groß und ausgiebig feiert. Offensichtlich schreckt sie die Arbeit doch nicht so ab, und offenbar hat sie ihre Bescheidenheit über Bord geworfen und durch einen berechtigten Stolz ersetzt, mit fünfzig Jahren immer noch gut auszusehen und fit und leistungsfähig zu sein.
Einige meiner weiblichen Bekannten haben ihren fünfzigsten Geburtstag ganz selbstbewußt gleich dreimal gefeiert: mit der Familie, mit den Kollegen und mit dem Freundes- und Bekanntenkreis im Sport- oder Gesangsverein. Das wäre früher undenkbar gewesen.
Diese Beobachtung hat auch mich dazu gebracht, zu meinem Alter zu stehen. Ich selber habe meinen fünfzigsten Geburtstag vor wenigen Monaten gleich fünfmal gefeiert und mich von Mal zu Mal jünger gefühlt. Und ich habe die Erfahrung gemacht, daß ich, seit ich mich selbst mit fünfzig für jung halte, auch von meinen Mitmenschen für jung gehalten werde!
Statt sich ihrer fünfzig Jahre zu schämen, wie das die Frauen vor uns taten, weiß eine moderne Frau, die fünfzig wird, die ihr entgegengebrachte Ehrung und Anerkennung sichtlich zu schätzen.
Natürlich — nichts kann darüber hinwegtäuschen, daß unsere Jugend dahinschwindet. Trotz aller Gymnastik, gesundheitsbewußten Ernährung und Hautpflege kön-

nen wir nicht mehr mit der Schönheit und Elastizität einer Zwanzigjährigen konkurrieren. Aber wollen wir das denn?

Wenn wir uns anderen Dingen zuwenden und uns auf innere Werte konzentrieren, dann ist es vor allem wichtig, in Harmonie mit sich selbst zu leben, wofür ein gesundes Verhältnis von Pflichten und Freizeit eine entscheidende Voraussetzung ist.

Das bedeutet für viele eine Umstellung ihrer Lebensweise. Um ihr eigenes Leben nicht zu verpassen, müssen sie sich mit dem fünfzigsten Geburtstag ihre Zukunft einrichten. Dazu ist es nötig, aus den Fehlern anderer zu lernen. Die wichtigsten Erkenntnisse fasse ich noch einmal zusammen:

- Ich habe das Recht auf eigene Lebenszeit und -gestaltung.
- Langeweile ist ebenso schädlich wie zu viele Pflichten.
- Ich bin für mein Wohlergehen selbst verantwortlich.
- Ich muß mich nicht für andere aufopfern (aber ich helfe natürlich, wenn sich ein Angehöriger in einer Notlage befindet).
- Ich darf ein solches Opfer auch von keinem anderen verlangen.
- Meine beste Pflegeperson bin ich selber.
- Ich kann noch vieles für eine bessere Zukunft tun.
- Ich muß mein Alter rechtzeitig in die Hand nehmen.
- Ich muß positive Erfahrungen meinen Kindern weiterreichen.

Wir lernen vornehmlich aus den Fehlern unserer Mütter. Das gibt uns allerdings kein Recht, uns ihnen gegenüber hochnäsig oder überheblich zu verhalten oder sie gar zu verachten. Unsere Mütter konnten oft nicht anders. Sie waren durch ihre Zeit geprägt und in ein Korsett gezwängt. Sie sahen es als ihre Aufgabe an, uns auch in ein solches zu pressen.

Wir sollten versuchen, sie zu verstehen, obwohl sich inzwischen vieles geändert hat. Da das Leben vielfältiger geworden ist, müssen wir mehr leisten als die Frauengenerationen vor uns. Dafür haben wir aber den Vorteil, eine qualifiziertere Schulausbildung genossen zu haben. Viele von uns haben eine Berufsausbildung oder ein Studium absolviert. Durch unser Berufsleben, durch Gespräche mit Kollegen, durch zahlreiche Kontakte mit fremden Menschen, durch Urlaubsreisen in ferne Länder, durch Bildungsfahrten schon während der Schulzeit, durch zahlreiche Kontakte mit fremden Menschen, durch das breite Zeitschriften- und Bücherangebot, durch das Fernsehen, die Volkshochschulen und die verschiedensten Seminare sind wir in jeder Hinsicht aufgeklärter als unsere Mütter.

Unsere Mütter spüren, daß wir über sie hinauswachsen. Das macht ihnen Angst und verstärkt ihre Unsicherheit. Sie wehren sich dagegen und versuchen, Normen aufzustellen, die sie vor allzu drastischen Veränderungen schützen sollen. So kommt es, daß wir auch als Erwachsene solche Ermahnungen zu hören bekommen wie: »Das macht man nicht!«, »Das gehört sich nicht!«, »Das schickt sich nicht!« oder »Das war schon immer so!«. Sie verschanzen sich hinter diesen Aussprüchen, damit sie neue, unangenehme Dinge nicht zu tun brauchen.

Unsere Mütter können wir nicht mehr ändern, aber wir selber sollten darauf achten, unseren Kindern das Leben nicht genauso schwer zu machen.

Das fängt schon mit unserer Einstellung zu unserem fünfzigsten Geburtstag an. In dem gleichen Maße, wie unsere Mütter uns das Negative daran prophezeiten, sollten wir unseren Töchtern das Positive daran zeigen. Dadurch tragen wir dazu bei, daß eine selbstbewußte Frauengeneration heranwächst, die die Lebensmitte dank unserer Erfahrungen gesund, fit und optimistisch ansteuert.

Und da viele von uns ihre Söhne bereits so erzogen haben, daß sie liebevolle Ehemänner werden, könnten diese ihren Frauen auch und gerade in der Zeit der Wechseljahre das Verständnis entgegenbringen, das wir uns von unseren Männern oft vergeblich wünschen.

Je früher wir damit beginnen, unser Alter aktiv in die eigene Hand zu nehmen, desto länger werden wir gesund und leistungsfähig bleiben. Das wiederum ist die beste Voraussetzung dafür, daß wir die nächsten dreißig Jahre niemandem zur Last fallen und diesen Lebensabschnitt auch selber nicht als Last empfinden, sondern als eine echte, wertvolle Lebenszeit.

Gleichzeitig stellen wir damit auch die richtigen Weichen für unsere Kinder. Wenn wir rechtzeitig gelernt haben, uns zu beschäftigen und unserem Leben auch mit zunehmendem Alter einen Inhalt und Sinn zu geben, dann werden wir uns beim Verlust unseres Ehemannes nicht in das Leben der Kinder drängen, wie es viele aus der Generation unserer Mütter getan haben.

Oft nahmen sie den Sohn, meistens aber die Tochter als Partnerersatz und sprachen ihrem Kind dadurch das eigene Lebensglück ab. In Wirklichkeit dürfen wir jedoch weder unserem Kind noch irgendjemandem die Verantwortung für uns zuschieben, denn es ist keineswegs Aufgabe eines Kindes, einem seiner Elternteile den verlorenen Partner zu ersetzen. Der Tod des Partners ist

das ganz persönliche Schicksal eines Menschen, mit dem er fertig werden muß und woran er reifen kann. Niemand hat das Recht, seine Probleme auf eines seiner Kinder abzuwälzen.
Ebenso sollten die Kinder wissen, daß sie nicht verpflichtet sind, eine solche Rolle zu übernehmen. In den ersten Wochen der Trauer Beistand zu leisten, sollte jedem eine Selbstverständlichkeit sein. Darüber hinaus aber braucht niemand ein schlechtes Gewissen zu haben, wenn er sich aufgrund eigener Interessen nicht dauernd um einen alleinstehenden Elternteil kümmern kann.
Statt an unsere Kinder Ansprüche zu stellen, sollten wir versuchen, so lange wie möglich unsere Selbständigkeit aufrechtzuerhalten und uns selbst zu versorgen. Schließlich kennt keiner unsere Wünsche und Bedürfnisse besser als wir selber.

Wir müssen es fertigbringen, uns um unser eigenes Wohlergehen zu kümmern, ohne dabei ein schlechtes Gewissen zu haben. Wir müssen ein Gefühl dafür entwickeln, daß wir selbst etwas wert sind – mindestens soviel wert, wie die Menschen, für die wir bisher gesorgt haben.
Erst, wenn man selber begriffen hat, daß man nicht verpflichtet ist, sich für andere aufzuopfern, kann man in der Sorge um die eigene Person eine neue Aufgabe und Erfüllung finden. Wie notwendig es ist, damit frühzeitig zu beginnen, zeigen folgende zwei Beispiele:

Zum Beispiel: Waltraud

Waltraud hat fünf Kinder großgezogen, von denen vier bereits selber verheiratet sind und Kinder haben. Waltrauds Enkelkinder vereinnahmen ihre Großmutter völlig. Ständig muß Waltraud bei sich zu Hause oder in einer der Wohnungen ihrer Kinder einen oder mehrere Enkel hüten. Die jungen Eltern machen keine Abstriche: Sie gehen abends aus, verreisen übers Wochenende oder fahren in Urlaub.

Waltrauds Leben hingegen ist restlos verplant. Sie hetzt von einem Einsatz zum nächsten. Nebenbei versorgt sie noch ihren Ehemann. Ihr bleibt kaum eine Chance, etwas für sich zu tun.

Noch ist sie mit ihrem Leben einigermaßen zufrieden. Sollte sie eines Tages jedoch merken, daß sie nicht mehr gebraucht wird, daß sie keine Aufgabe mehr hat oder den Strapazen körperlich nicht mehr gewachsen ist, dann wird es ein böses Erwachen geben.

Jetzt hätte sie noch die Chance, dem entgegenzusteuern. Sie müßte – wie wir alle – lernen, etwas für sich zu tun, auch wenn die Menschen um sie herum Anforderungen an sie stellen.

Zum Beispiel: Frieda

Frieda hingegen muß aus dem gegenteiligen Grund – weil niemand mehr Anforderungen an sie stellt – lernen, etwas für sich zu tun. Frieda hatte ziemlich spät geheiratet, weil ihre Mutter sie nicht loslassen wollte.

Bald nach ihrer Hochzeit erkrankte die Mutter so ernsthaft, daß Frieda sich gezwungen sah, sie bei sich zu Hause zu pflegen. Wenige Jahre später erkrankte auch Friedas Mann und wurde mit achtundvierzig Jahren Frührentner. Bei zwei Pflegefällen blieb Frieda kaum Zeit, etwas für sich selber zu tun.

Als Friedas Mutter starb und ihre Rente wegfiel, mußte Frieda arbeiten gehen, da das Haus noch nicht abbezahlt war. Da sie keine Berufsausbildung hatte, blieb Frieda nichts anderes übrig, als Putzstellen anzunehmen und in der Küche einer Gaststätte auszuhelfen.

Frieda war sechsundfünfzig, als ihr Mann starb. Daraufhin bekam sie eine Rente, von der sie leben konnte. Das Haus war abbezahlt, und die Last der zwei Pflegefälle fiel von ihr ab. Dennoch fühlte sich Frieda keineswegs entlastet, sondern verfiel in tiefe Depressionen und Selbstmordgedanken. Sie kam sich überflüssig und wertlos vor, weil es niemanden gab, der sie brauchte. Es schien ihr, als habe man ihr den Boden unter den Füßen weggezogen.

Selbstlose Menschen wie Waltraud und Frieda merken oft zu spät, daß sie ihr eigenes Leben verpassen. Andere dagegen verpassen vor lauter Selbstsucht den Dienst am Nächsten. Sie bleiben unzufrieden und übertragen ihre Unzufriedenheit auf andere Menschen.

Beide Extreme sind falsch, denn die Erkenntnis am Ende des Lebens, nie etwas für sich getan zu haben, ist sicher genauso bitter wie die, nie etwas für andere geleistet zu haben.

Ich habe beobachtet, daß die Menschen, die das rechte Mittelmaß zwischen liebender Fürsorge für andere und einem gesunden Egoisums gefunden haben, die innere Ausgeglichenheit besitzen, die sie ihren Lebensabend genießen läßt.

Sie, liebe Leserin, sind jetzt vielleicht noch in einem Alter, in dem Sie das in der einen oder anderen Richtung Versäumte nachholen können. Wie – das haben die vorangehenden Kapitel veranschaulicht.

Für den Fall, daß wir trotz aller körperlichen Aktivitäten

und vorbeugender Maßnahmen eines Tages so gebrechlich werden, daß wir uns nicht mehr selber versorgen können, sollten wir uns rechtzeitig nach einem guten Altersheim umsehen. Es gibt heute schon sehr gute Seniorenheime, und wir können uns bereits jetzt dafür einsetzen, daß sie noch humaner werden! Ich finde zum Beispiel, daß jeder Bewohner ein Einzelzimmer bekommen sollte, damit man gerade im Alter seine Privatsphäre hat und das Ende seiner Tage in Würde verbringt. Was wir heute auf diesem Gebiet erreichen, wird uns selbst eines Tages zugutekommen.

Ein Altersheim hat die Vorteile, daß man weitgehend unabhängig bleibt und Gleichaltrige um sich hat. Bereits jetzt machen wir ja schon die Erfahrung, daß wir uns in Gesellschaft Gleichaltriger am wohlsten fühlen. Außerdem bieten die Heime Gemeinschaftsveranstaltungen an, die zunehmend sinnvoller werden und sich nicht nur im Singen und Malen erschöpfen.

Sollte jedoch eines Ihrer Kinder darauf bestehen, daß Sie bei ihm aufgenommen werden, dann sollten Sie das nicht ablehnen. Seien Sie sich aber stets bewußt, daß Sie Gast sind und nicht das Recht haben, den Haushalt und das Leben der dort Wohnenden umzukrempeln. Halten Sie sich auch hier stets an die Devise: Was du nicht willst, das man dir tu, das füg auch keinem anderen zu.

Doch soweit ist es für uns hoffentlich noch lange nicht. Zunächst wollen wir unseren dritten Lebensabschnitt in vollen Zügen genießen. Das Recht auf ein Eigenleben, das wir unseren Kindern zugestehen, dürfen auch wir guten Gewissens in Anspruch nehmen. Ich selber bin seit kurzem zur begeisterten Großmutter geworden und lasse mich hin und wieder gerne von meinem Enkel auffressen. Daß einen ein Enkelkind so glücklich machen kann, ist für mich ein neues, wunderbares Lebensgefühl! Dennoch vergesse ich darüber nicht, auch noch anderen Interessen nachzugehen.

Wenn es uns gelingt, unser Eigenleben guten Gewissens auszukosten, werden wir im Austausch mit anderen Frauen weiterhin neue Impulse bekommen. Wenn wir uns zudem immer wieder Ziele stecken, auf die wir hinarbeiten können, und uns unsere Träume möglichst lange bewahren, dann werden die nächsten Jahrzehnte für uns mit Sicherheit eine wunderbare und beglückende Zeit!

Weiterführende Literatur

1. Traumdeutung

Ann Faraday: Die positive Kraft der Träume. München 1985

Ann Faraday: Deine Träume. Schlüssel zur Selbsterkenntnis. Frankfurt/M. 1978

Patricia Garfield: Kreativ träumen. München 1986

Helmut Hark: Träume als Ratgeber. Deutungshilfen für die Praxis. Reinbek 1986

Helmut Hark: Träume vom Tod. Stuttgart 1987

Helmut Hark: Der Traum als Gottes vergessene Sprache. Symbolpsychologische Deutung biblischer und heutiger Träume. Freiburg 1989

Helmut Hark: Vom Kirchentraum zur Traumkirche. Träume, tiefenpsychologisch gedeutet. Freiburg 1987

Helmut Hark: Traumbild Baum. Vom Wurzelgrund der Seele. Freiburg 1987

2. Sterben und Sterbebegleitung

Elisabeth Kübler-Ross: Was können wir noch tun? Gütersloh 1990

Elisabeth Kübler-Ross: Verstehen, was Sterbende sagen wollen. Einführung in ihre symbolische Sprache. Gütersloh 1990

Elisabeth Kübler-Ross: Interviews mit Sterbenden. Gütersloh 1990

Robert Schlund: Der manipulierte Tod und das menschliche Sterben. Ethische Orientierungen. Freiburg 1987

3. Wechseljahre

P. van Keep und L. Jaszmann: Die Wechseljahre der Frau. Düsseldorf/München 1990

Ann Mankowitz: Auf neue Weise fruchtbar. Der seelische Prozeß der Wechseljahre. Zürich 1987

Manfred Raff: Wechseljahre. In der Lebensmitte die Weichen richtig stellen. Wien 1988

Sylvia Schneider: Wechseljahre. Die andere Fruchtbarkeit. Das Handbuch zur Lebensmitte der Frau. München 1990

4. Osteoporose

Aufrecht ins Alter. Hrsg. von Opfermann Arzneimittel (Robert-Koch-Str. 2, 51674 Wiehl-Boming).

Kenneth H. Cooper: Ratgeber Osteoporose. Das Präventiv-Programm. Gezielt vorbeugen und konsequent behandeln. München 1990.

Martin Hörning: Osteoporose. Vorbeugen und behandeln. Frankfurt/M. 1990.

Christian Lauritzen und H. W. Minne: Osteoporose. Wenn Knochen schwinden. Ursachen, Krankheitszeichen, Untersuchungen. Vorbeugung und Behandlung. Stuttgart 1990.

Gerhard Leibold: Knochenentkalkung muß kein Schicksal sein. Ursachen, Vorbeugung und Behandlung der Osteoporose. Wiesbaden 1990.

M. Notelowitz und M. Ware: Aufrecht bis ins hohe Alter. München 1984

Allen Dioxon und Anthony Woolf: Osteoporose. Die heimliche Volkskrankheit – Neue Erkenntnisse über Vorbeugung und Behandlung. Bergisch Gladbach 1992

Osteoporose und was man dagegen tun kann. Hrsg. von der Firma Rorer GmbH, Bielefeld.

5. Inkontinenz

Ingo Füsgen und Wilfried Barth: Inkontinenzmanual. Diagnostik, Therapie, Wirtschaftlichkeit. Berlin 1987

Helle Gotved: Harninkontinenz ist überwindbar. Übungen für den Beckenboden. Stuttgart 1991

Annelie Hollo: Probleme mit der Blasen- und Darmkontrolle. Ursachen, Behandlungsmöglichkeiten, Hilfsmittel, Bettnässen bei Kindern. Stuttgart 1984

6. Allgemein

M. O. Bruker: Unsere Nahrung – unser Schicksal. Lahnstein 1986

Colette Dowling: Der Cinderella-Komplex. Die heimliche Angst der Frauen vor der Unabhängigkeit. Frankfurt/M. 1984

Michael Ende: Momo – oder: Die seltsame Geschichte von den Zeit-Dieben und von dem Kind, das den Menschen die gestohlene Zeit zurückbrachte. Ein Märchen-Roman. Stuttgart 1973

Judith Jannberg: Ich bin ich. Frankfurt/M. 1991

Jean Pütz und Christiane Niklas: Gesundheit mit Kräutern und Essenzen. 1000 Anregungen und Rezepte. Köln 1988

Schönheitsoperationen. Hrsg. von Journal für die Frau (Extra-Ausgabe). Hamburg, Nr. 17/88.

Muriel Spark: Die Lehrerin. Zürich 1962

Roy L. Walford: Leben über hundert. München/Zürich 1983

Wilfried Wieck: Männer lassen lieben. Stuttgart 1990

Kontaktadressen

1. Selbsthilfegruppen jeder Art

Nakos (Nationale Kontaktstelle für Selbsthilfegruppen)
Albrecht-Achilles-Straße 65
10709 Berlin
Tel.: 030/89 14 019

2. Evangelische Krankenhaushilfe (EKH)

Arbeitsgemeinschaft Evangelische Krankenhaushilfe
Pappelweg 25 A
53177 Bonn

3. Katholische Krankenhaushilfe

Caritas-Konferenzen Deutschland (CKD)
Karlsstraße 40
79104 Freiburg

4. Traumseminare

Katholisches Bildungswerk Untertaunus
Mainzer Allee 38
65232 Taunusstein
Tel.: 06128/8 40 81/82

»Wirkstatt«
Steinstraße 23
76133 Karlsruhe

Bildungshaus der Pallottinerinnen
Weilburgerstraße 5
Postfach 1127
65549 Limburg an der Lahn
Tel.: 06431/2009/0

Pallotti-Haus
Im Osterseifen 1
57462 Olpe
Tel.: 02761/6080/17

5. Sterbe- und Trauerseminare

Internationale Gesellschaft für Sterbebegleitung und Lebensbeistand e.V.
Geschäftstelle: Im Rheinblick 16
55411 Bingen (Rhein)
Tel.: 06721/10318/28
(Diese Gesellschaft hat in ganz Deutschland zur Zeit zirka 35 Kontaktpersonen. Die Adresse und Telefonnummer einer Kontaktperson in Ihrer Nähe erfahren Sie bei obiger Adresse. Dort nennt man Ihnen auch Kontaktadressen im deutschsprachigen Ausland.
Ihre Kontaktperson sagt Ihnen, welche Bildungseinrichtung wo und wann Sterbe- bzw. Trauerseminare in der Nähe Ihres Wohnortes anbietet, oder vermittelt Ihnen auf Wunsch einen Referenten, falls sich in Ihrem Umkreis eine interessierte Gruppe gebildet hat.)
Weitere Seminaranbieter sind die örtlichen Volkshochschulen.

6. Osteoporose

Kuratorium Knochengesundheit e.V.
Sekretariat Prof. Dr. med. H. W. Minne
Abteilung Innere Medizin I
Endokrinologische Ambulanz
Luisenstraße 5
69115 Heidelberg
Tel.: 06221/565450

Bundesselbsthilfeverband für Osteoporose
Kirchfeldstraße 149
40215 Düsseldorf
Tel.: 0211/319165

Bundesvorsitzende des Selbsthilfeverbands
Frau Barbara Fink
Stahlwerkstraße 15
47804 Krefeld
Tel.: 02151/399585

7. Inkontinenz

HIP e. V. (Hilfe für inkontinente Personen)
Dr. Karl Gustav Werner
Blanckertzstraße 12
40629 Düsseldorf

DIL (Deutsche Inkontinenz-Liga e. V.)
Postfach 860307
81630 München

Ratgeber

Als Band mit der Bestellnummer 66231 erschien:

Wie man in jedem Lebensalter die Angst vor
Veränderungen überwinden, Mut zum Neuen schöpfen
und aus scheinbar hoffnungslos festgefahrenen
Situationen heraus das Steuer des eigenen Lebens
herumreißen kann.

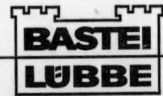

Band 66277

Ursula Fassbender
Sag, wo ist die Liebe hin?

Der moderne Mensch spricht viel über Psychologie, aber viel zu wenig über seine Gefühle. Er sehnt sich nach Gemeinsamkeit in einer Paarbeziehung, und doch gibt es immer mehr Singles, die allein bleiben.

Allem Anschein nach steht das eigene Ich bei allen im Vordergrund. Nachgeben und Kompromisse eingehen ist nicht »in«. Aber wenn Mann und Frau sich wie Feinde gegenüberstehen, wie soll da ein harmonisches Miteinander und eine glückliche Partnerschaft möglich sein?

Daher ist es höchste Zeit, daß Männer und Frauen ihre Mißverständnisse erkennen, aus ihren Fehlern lernen und sich wieder versöhnen. Denn wie trist wäre die Welt ohne Liebe!

Band 66276

Genevieve Davis Ginsburg
Trauer, Schuld und Zorn

Ganz gleich, wie alt sie ist – für keine Frau ist es leicht, den Tod ihres Mannes zu verkraften. Von einem Tag auf den anderen ändert sich ihr Leben von Grund auf. Und viele Witwen finden sich ohne ihren Mann nicht oder nur schlecht zurecht.
Zahlreiche Gespräche mit Leidensgenossinnen haben es Genevieve Davis Ginsburg, einer Therapeutin und selbst verwitwet, ermöglicht, auf die zahlreichen Probleme der hinterbliebenen Frauen einzugehen: mitfühlend, aber nicht sentimental, energisch, aber nicht hart, verständnisvoll und nie oberflächlich.

Ein praktischer Ratgeber ohne Tabus, der Wege zu einem positiven Leben nach dem Todes des Ehemannes weist.

Ratgeber

Als Band mit der Bestellnummer 66237 erschien:

Dauerhaftes Eheglück muß kein Märchen bleiben –
wie man mit realistischen Vorstellungen den Grundstein dazu legen kann, zeigt das bekannte Autorenteam
Kinder/Cowan in diesem Buch, das weit mehr
als ein Eheratgeber ist.

Ratgeber

Als Band mit der Bestellnummer 66197 erschien:

Aktive Freude und Revitalisierung aller Kräfte
in der zweiten Lebenshälfte – durch die ganzheitliche
wellness-Methode für Körper, Seele und Geist.